www.tredition.de

Marianne Theil

Einmal um die ganze... (halbe) Welt

www.tredition.de

© 2020 Marianne Theil

Verlag & Druck: tredition GmbH, Halenreie 40-44, 22359 Hamburg

ISBN
Paperback: 978-3-347-10778-6
Hardcover: 978-3-347-10779-3
e-Book: 978-3-347-10780-9

Inhalt

Bestandsaufnahme

55 Jahre alt, geschieden, drei Kinder, selbstständig und mit zahlreichen Hobbys gesegnet. So würde ich mich mit einem Satz beschreiben. Und so fühlte ich mich auch. Von morgens bis abends durchgeplant, nicht unglücklich, nicht krank, nicht einsam. Aber trotz allem machte sich bei mir eine innere Leere breit. Manchmal dachte ich, es könnte an den Wechseljahren liegen, die letzte Periode lag schon einige Zeit zurück, kleinere unbedeutende Hitzewallungen kamen und gingen, manchmal schlief ich schlecht. Warum sollte nicht auch die Psyche an der hormonellen Veränderung leiden?

Vielleicht war das der Grund, dass ich diese wagemutige Idee jetzt in die Tat umsetzte und mich entschloss, einen Schnitt in meinem Leben zu machen. Warum nicht noch mal so leben und handeln wie ein junger Mensch? Meine Kinder waren alle volljährig, die zwei Großen waren mittlerweile aus dem Haus und meisterten ihr Leben ganz gut. Mein Jüngster war gerade mal achtzehn geworden, was nicht unbedingt aussagt, dass er erwachsen war, aber ohne mich würde er es auf jeden Fall schneller werden. Tja, wo kein Schaden, da auch kein Nutzen! Ich hörte von meinen Bekannten oft: „Ach, das ist noch die Spätpubertät, das gibt sich!" Man könnte meinen, die Pubertät sei eine Krankheit, mit der sich die Jugendlichen einen Freifahrtschein für schlechte Manieren, Taktlosigkeiten und Faulheit ergattert hätten. Ich verstand ja, dass oft die Hormone verrücktspielten und das ganze Seelenleben durcheinandergeriet. Schließlich haben wir alle diese Zeiten durchgemacht.

Die erste Liebe, nach der das Leben zu Ende zu gehen scheint, die aufregenden Nächte mit Bacardi Cola und den ersten Zigaretten. Wie schnell fühlten wir uns erwachsen. Die Eltern hatten ja keine Ahnung, wie cool wir damals waren. Okay, das Kopfweh und der fahle Geschmack waren am nächsten Morgen nicht ganz so toll, aber das gehörte zum Erwachsenwerden eben auch dazu, und bis der Abend kam, war alles wieder vergessen. Trotzdem kann ich mich nicht daran erinnern (und das liegt nicht an meinem gehobenen Alter), dass ich zu meinen Eltern in dieser Zeit besonders frech gewesen wäre oder meine auferlegten Hausarbeiten nicht erfüllt hätte. Dass diese mir in dieser Zeit nicht unbedingt Spaß gemacht haben, steht außer Frage. Aber weiß sein muss, muss sein!

Deswegen war ich schon manchmal perplex, wenn ich auf eine normal gestellte Frage keine oder nur eine patzige Antwort bekam und gefühlte hundertmal darum bitten musste, dass der Geschirrspüler ausgeräumt werden sollte. Auf die Gefahr hin, gesteinigt zu werden, gestehe ich hiermit, obwohl ich kein Freund erzieherischer Maßnahmen bin, manchmal schreit so ein Fehlverhalten nach einer winzig kleinen Kopfnuss.

Natürlich wäre es besser gewesen, im normalen Umgangston miteinander zu reden, würde nicht auf einer Schulter so ein kleines Teufelchen sitzen und dir ins Ohr flüstern: „Jetzt zeig dem Nachwuchs mal, wer hier das Sagen hat, oder willst du dir ständig auf der Nase herumtanzen lassen!" Wahrscheinlich blieb deswegen auch das Erfolgserlebnis aus, wurden die Anweisungen, wenn auch widerwillig, tatsächlich einmal befolgt. Vielleicht hätte man doch auf das Engelchen der anderen Schulterseite hören sollen, das leise vor sich hin säuselte: "Lass ihn doch in Ruhe, vielleicht hat er gerade andere Sorgen. Er wird sich schon wieder beruhigen." Aber das sind schließlich die unerforschten Gefühlsschwankungen, die es dem pubertierenden Teenager und vor allem den Eltern unmöglich machen, miteinander zu kommunizieren. Vielleicht war auch das ein Grund, einmal raus aus dieser Schublade der autoritären und anstrengenden Mutter zu kommen.

Deswegen würde ich jetzt für ein Jahr meine Podologiepraxis meinen beiden Mitarbeiterinnen anvertrauen und zwei Studenten in meinem Haus wohnen lassen, damit die laufenden Unkosten gedeckt waren und mein Jüngster nicht sich allein überlassen blieb. Und ich würde mich ausloggen ...

Denn ich hatte einen Entschluss gefasst: Ich mache eine Weltreise, die mich ein ganzes Jahr rund um den Globus führen soll.

Ein Jahr Auszeit bedeutete allerdings auch ein Jahr Vorbereitung. Das ist nicht so einfach, vor allem wenn man so ein Computersteinzeitmensch ist wie ich. Nun habe ich ja drei Kinder, aufgewachsen mit Smartphone, Apple und digitalem Alltag. Glück gehabt, so könnte man meinen, aber weit gefehlt. „Keine Ahnung", „keine Zeit", „keine Lust", das waren die Antworten, die ich zu hören bekam, wenn ich mal wieder nicht weiterwusste. Na, hätte ich das mal gesagt, wenn man mich zum tausendsten Mal anrief wegen Liebeskummer, Geld oder ähnlichen Dingen.

Aber das ist das Los einer jeden Mutter: allzeit bereit und immer für alles da zu sein. Und bitte, bitte keine Fragen stellen oder Unwissenheit zeigen. Ich fühlte mich innerlich so zerrissen, zwischen Fürsorge, Loslassen und Verständnis für alles, dass ich manchmal selbst gar nicht wusste, was noch richtig war. Einmal nur für sich selbst verantwortlich zu sein, keinem Rechenschaft für sein Handeln abzulegen, nicht als emotionaler Mülleimer herhalten zu müssen, das wäre schon sehr verlockend. All diese Gedanken schossen mir durch den Kopf und bestärkten mich in meinem Tun. Mein Ehrgeiz war ungebrochen. Ich würde doch diese Reise um die Welt auch ohne das Fachwissen meiner Kinder hinkriegen. Allerdings war ich fest entschlossen, bei nächster Gelegenheit auch mal keine Ahnung, keine Zeit und keine Lust zu haben.

Also druckte ich die Formulare für die Visa für Indien, Australien, Kambodscha und die USA aus, genauso wie den gescannten Reisepass und das digitale Passbild und schickte es mit der Post. „Mal sehen", dachte ich mir, „vielleicht geht das ja auch. Wenn nicht, dann lass ich mir von meiner örtlichen Druckerei helfen. Denn dort konnte ich sämtliche Dokumente auch digital verschicken lassen. Außerdem nehmen sie sich wenigstens die Zeit und sind auch nicht teurer als der Dank, den ich dann meinen Kindern wieder schulde."

Zwei Tage später

Da hatte ich mal wieder Glück gehabt! Ein Patient und guter Freund aus meiner Praxis gab mir einen Tipp und nun konnte ich doch noch alles online verschicken. Geht doch!

Schade, dass meine Lieben das nicht so selbstverständlich hinkriegten, eigentlich habe ich sie so erzogen, dass sie sich artikulieren können. Na ja, Schwamm drüber. Allerdings zeigte mir das mal wieder, dass man in manch wichtigen Momenten oft allein dasteht.

Der Ursprung

Diese Idee kam buchstäblich aus heiterem Himmel. Eines Sonntagvormittags während des Kochens hörte ich nebenbei einen bayerischen Radiosender. Dort gab es regelmäßig interessante Berichte über Leute, die etwas Außergewöhnliches in ihrem Leben unternommen oder erreicht hatten. An diesem Sonntag wurde ein Ehepaar interviewt, das mit seinen beiden Kindern eine Segeltour um die ganze Welt gestartet hatte.

Diese Begeisterung und die Freude in ihren Erzählungen ließen mich dann doch genauer zuhören. Als dann die Frau am Schluss den Hörern noch mit auf den Weg gab, so eine Reise würde sie jedem wünschen, da es einen jeden prägen und im Positiven verändern würde, keimte ganz klein ein Plan auf.

Als mein Jüngster, der als Einziger noch daheim bei mir lebte, pünktlich zum Mittagessen aufstand, überfiel ich ihn erst einmal mit der Frage: „Was hältst du davon, wenn wir nach deinem Schulabschluss eine Weltreise machen?" – ... – Tja, wahrscheinlich dachte er sich: „Die Mama spinnt!"

Gesagt hat er es zum Glück nicht.

Aber die Idee schien ihm zu gefallen, denn sogleich machten wir uns über den Computer her, um uns alle Weltwunder zu betrachten, die wir uns ansehen wollten. Dabei stellten wir fest, dass uns alle Weltwunder gar nicht so sehr interessierten, waren doch einige dieser Bauten in Ländern, die als nicht ungefährlich eingestuft wurden.

Also fingen wir an, uns die Route um die Erdkugel einmal genauer anzusehen. Innerhalb einer Stunde mussten wir allerdings feststellen, dass wir unmöglich alles bereisen konnten. Die Welt ist ganz schön groß und so wurden immer mehr Abstriche gemacht. Ich denke, in der ersten Zeit unserer Planung haben wir unsere Reiseziele fast täglich verändert, aber bald kristallisierten sich dann doch unsere Schwerpunkte heraus. Wir hatten eine sehr abwechslungsreiche Route, in der ich doch für mich ein paar Abstriche machte.

Zum Beispiel war da Afrika mit Mauritius. Das wurde gecancelt, da sich mein Jüngster absolut nicht mit diesem Land anfreunden wollte. Dafür sollten es die Strände von Goa in Indien sein, Party am Strand und kiffen bis zum Abwinken. Ich war mir nicht ganz sicher, ob ich darauf wirklich Lust hatte. Teenager haben dann wohl doch noch eine andere Vorstellung von kultureller Bildung. Allerdings wollte ich unbedingt das Taj Mahal in Indien besuchen und da wir schon in diesem Land wären, könnten wir den Süden gleich mitnehmen.

Nun gut, ein Reiseplan ist eine Sache. Arbeit, Haus und Berufsausbildung für ein Jahr allein zu lassen bzw. zurückzustellen eine andere. Am nächsten Tag fragte ich meine Mitarbeiterin, ob sie es sich zutrauen würde, für ein Jahr die Praxis im Alleingang zu meistern. Wahrscheinlich nahm sie mich nicht ganz ernst, aber sie sagte gleich zu.

Im Anschluss ging es zum Steuerberater. Von ihm kam grünes Licht und einige gute Tipps, wie es ohne mich weiterhin gut laufen könnte. Da wurde mir bewusst, wie entspannt es doch sein kann, ersetzbar zu sein. Meistens ist es doch das Ziel, ob privat oder beruflich, unersetzlich zu sein, einzigartig. Aber was passiert, wenn man ausfällt?

Natürlich kratzt es gewaltig am Ego, wenn sich der Ehemann problemlos anderweitig tröstet oder deine Arbeitsstelle ohne große Umstellung von jemand anderem besetzt werden kann. Andererseits birgt es doch auch eine große Freiheit in sich, zu erkennen, dass sich das Leben ohne einen weiterdreht.

Nun müsste ich lügen, wenn ich behaupten würde, dass mich das gleichgültig lassen würde. Denn letztendlich möchte man nicht nur als Hausfrau und Mutter gelten, als Fachkraft in seiner beruflichen Tätigkeit, sondern auch als Mensch, der geliebt wird. Zu spüren, dass man eine Lücke hinterlässt, macht den Menschen aus, der man in der Gemeinschaft ist.

Den Beginn unserer großen Reise planten wir für den September des kommenden Jahres. Dann war die Abschlussprüfung von meinem Jüngsten vorbei und meinen Geburtstag Anfang September wollte ich noch mit meinen Freunden und Kindern feiern, bevor es für ein Jahr auf große Wanderschaft (mit dem Flugzeug) ging. Jetzt hatten wir Mitte April im Jahr davor, genug Zeit, die Sache zielgerecht und entspannt anzugehen.

Ich muss dazu sagen, meine zwei großen Kinder waren alles andere als begeistert, als sie hörten, dass wir zwei für ein ganzes Jahr unterwegs sein sollten.

„Mama, du kannst nicht mal einen Handyvertrag allein abschließen. Wie willst du denn so eine Reise bewerkstelligen?"

Meine Tochter zeigte sich dann doch noch kooperativ und schickte mir einige Links zur „Inspiration":

- Vergewaltigung im Ausland

- Terrorismus in Tourismusgebieten

- Flugzeugabstürze im Jahr 2010–2018 etc.

Nach einer ernsten Aussprache unterließ sie dann doch ihre Mitarbeit an diesem Projekt, wollte sich aber auch nicht mehr zu weiteren Reiseplänen meinerseits äußern. Schade eigentlich, denn ich verreise grundsätzlich sehr gern mit meiner Tochter. Sie spricht fließend mehrere Sprachen, ist sehr weltgewandt und auf sämtlichen Flughäfen dieser Welt zu Hause. Von der ganzen Familie ist sie (bis jetzt) die Einzige, die das Reiseholic-Virus in sich trägt.

Zudem sieht sie sehr gut aus: groß, schlank, mit langen dunkelblonden Haaren und einem erstklassigen Modegeschmack. Egal wohin uns unsere Reisen bisher verschlagen hatten, immer war irgendein aufmerksamer Rezeptionist, Kellner oder Verkäufer zur Stelle, der uns überfreundlich weitergeholfen hatte, falls wir Hilfe brauchten. Dabei hatten diese jungen Männer nur Augen für sie. Vielleicht lag das auch daran, dass ich klein und nicht ganz so schlank und jung war. Auf meinen Modegeschmack möchte ich auch nicht näher eingehen, schließlich kann man nicht auf allen Gebieten talentiert sein.

Außerdem teilen wir viele Interessen, gehen gern in Museen, Theater und alte Kirchen. Wir lieben es, in Straßencafés zu sitzen, die Menschen um uns herum zu beobachten und über das Leben und die Liebe zu philosophieren. Wie fast alle weiblichen Individuen gehen wir leidenschaftlich gern shoppen, egal ob es sich um Souvenirs, Kleidung, Schuhe oder Modeschmuck handelt. So hatten wir schon mehrmals Paris, Stockholm, Hamburg und Singapur für uns eingenommen und jedes Mal unseren Spaß dabei gehabt.

Nur mit dieser Reise hatte sie dann doch ihre Probleme. Gut, man kann eine Weltreise nicht mit einem kulturellen Wochenendtrip vergleichen, aber ein bisschen mehr Anteilnahme hätte ich mir doch von ihr erhofft.

Natürlich hatte sie Angst um mich. Ich konnte das verstehen, schließlich war mein Englisch mehr wie dürftig, andere Sprachen sprach ich gar nicht. Allerdings war ich der Meinung, das Essen, Trinken und Schlafen auch nonverbal mitgeteilt werden konnte. Und das wäre auf so einer Reise eh das Wichtigste. Nicht zu vergessen, mein Handy war inzwischen voll von lauter Apps, um Übernachtungen aller Preisklassen zu buchen, sämtliche Sprachen zu übersetzen und (Aus)Flüge zu organisieren. Ich wusste nicht, warum, aber ich hatte keine Bedenken, nur eine übermäßige Vorfreude auf dieses Abenteuer, das mich erwartete. Und wenn ich wieder daheim war, dann würde es auch mit dem Englisch klappen, dachte ich mir.

Mein ältester Sohn ging mit meiner Idee sehr pragmatisch um. „Mama, du hast dein Leben lang viel gearbeitet, ich finde, das kannst du dir jetzt schon mal gönnen. Schließlich wirst du auch älter und jetzt kannst du es körperlich noch meistern. Aber nicht alles ausgeben, denk an die Rente!" Und: „Wieso willst du eigentlich den Kleinen mitnehmen? Der hat doch nichts geleistet. Allein könntest du viel individueller reisen, außerdem hättest du mehr Geld für dich und deine Sicherheit. Zum Beispiel bessere Hotels statt billiger Absteigen sowie geführte Reisetouren. Du könntest die Sehenswürdigkeiten anschauen, die dich interessieren, und hättest keinen maulenden Teenager dabei, der ständig meckert, dass er kein WLAN hat."

In diesen Punkten musste ich ihm recht geben, daran hatte ich auch schon gedacht. Aber es erschien mir dann doch zu riskant, ihm für ein ganzes Jahr allein das Haus zu überlassen. Nur hatte ich auch schon seit einigen Wochen das Gefühl, das mein Jüngster meine Begeisterung nicht mehr teilte. Sobald das Thema darauf fiel, wurde er sehr einsilbig. Als dann von mir noch der Vorschlag kam, in den Ferien oder an den Wochenenden zu jobben, war seine Laune zu diesem Thema auf dem Nullpunkt. Schließlich konnte er nicht erwarten, dass er mit fast achtzehn Jahren keinerlei Beitrag dazu leisten musste.

Als ich ihn nach einigen Monaten direkt darauf ansprach, ob er denn überhaupt noch mitwolle, druckste er ein bisschen rum und gestand mir dann, dass ihm ein Jahr doch zu lang wäre, schließlich hätte er seit Kurzem eine Freundin. Außerdem würden ihm seine Freunde fehlen und überhaupt …

Gut, damit war es entschieden, er würde daheimbleiben, eine Lehre beginnen und sich um das Haus und die Katzen kümmern.

Inzwischen hatte ich noch zwei Studenten für die Zeit meiner Abwesenheit gewinnen können, die sich jeweils ein Zimmer mieten und das Haus als Wohngemeinschaft nutzen würden. So hatte ich wenigstens ein paar Mieteinnahmen, damit sämtliche Unkosten daheim gedeckt wären. Mein Exmann würde ein bis zweimal die Woche mit meinem Sohn essen gehen und sich vergewissern, dass alles in Ordnung war. Wenigstens hatte er mir das versprochen, aber ich dachte, dass ich mich in dieser Hinsicht auf ihn verlassen könnte.

Eine sehr gute Freundin würde regelmäßig nach dem Rechten sehen, schließlich hatte sie auch Kinder in diesem Alter und wusste, was alles schiefgehen konnte. Ich war froh, dass ich sie zur Unterstützung hatte, das ließ mich diese Reise auf jeden Fall viel gelassener angehen.

Nun waren es nur noch zwei Monate, bis zum Tag X und ich wurde langsam doch aufgeregter, als ich es mir vorgestellt hatte. Plötzlich sah ich meine Umgebung mit ganz anderen Augen. Nein, nicht anders, aber vielleicht genauer. Ich nahm mein Heim, meinen Garten, die Berge viel genauer wahr, überlegte mir, ob ich das alles vermissen würde oder vielleicht etwas Neues kennenlernen würde, das mich alles hier vergessen lassen würde.

Daran wollte ich gar nicht denken, denn ich flüchtete nicht, wollte aber meinen Horizont erweitern und neue Landschaften und Kulturen kennenlernen. Ich freute mich auf neue, fremde Menschen und hoffte, dass ich mich mit ihnen verständigen könnte.

Ich konnte es gar nicht erwarten, unbekannte Bauten und Tempel zu erleben. In Landschaften zu wandern, die mir absolut neu und unbekannt waren. An Stränden zu liegen und die Wolken am

Himmel zu beobachten oder mit den Fischen um die Wette zu tauchen.

Ich wusste auch, dass ich Heimweh bekommen würde. Ich liebe meine Kinder, mein Zuhause und auch meine Arbeit. Aber das alles war nicht aus der Welt und nur für eine kurze Zeit aus meinem Leben verbannt. Schließlich würde ich wieder zurückkommen.

Tausend Gedanken gingen durch meinen Kopf: "Hoffentlich werde ich nicht krank und liege einsam irgendwo auf einer Pritsche, wo man mich vergisst." – „Hab ich auch nichts vergessen, werde nicht bestohlen oder erschlagen? Ab sofort werden keine Krimis mehr angesehen, nur noch Traumschiff-Reisen und Rosamunde Pilcher-Filme".

Bis jetzt hatte ich keinerlei Bedenken, diese einzigartige Reise anzugehen, und ich wollte, dass es auch so bliebe. Denn viele Bekannte und Patienten in meiner Praxis gaben mir zu verstehen, wie gefährlich und risikoreich diese Auszeit werden könnte. Ich wollte mich dadurch nicht verunsichern lassen und redete inzwischen nur noch mit den Leuten darüber, von denen ich wusste, dass sie sich mit mir freuen würden.

Los geht die Reise

Und ehe man sich's versah, war es so weit. Ein letztes Mal mit der Kollegin alles durchgegangen: die Büroarbeiten, Vollmachten für Firmen, Steuerberater, etc. Eine wunderschöne, feuchtfröhliche Abschiedsfeier, mit der ich gleichzeitig in meinen Geburtstag hineinfeierte (mache ich bei der nächsten Weltreise nicht mehr, da ich am nächsten Tag so verkatert war, dass ich vergessen habe, die Abschiedsbriefe meiner Kinder mitzunehmen). Dafür fiel mir das Verabschieden von meinen Lieben nicht ganz so schwer, da ich nur müde war und im Flixbus gleich schlafen wollte.

Von Frankfurt aus ging es dann in den Flieger weiter und mit zwei Stunden Verspätung flog ich endlich los, weg aus dem grauen, verregneten Deutschland. Es war eh in den Bergen Schnee angekündigt und so wurde mir der Abschied von allen Seiten leichtgemacht.

Mein erstes Ziel sollte Dubai sein. Eigentlich war diese Stadt nur zur Zwischenlandung geplant, aber wenn ich schon landete, wollte ich dort auch die Highlights bewundern. Außerdem gab es da den höchsten Turm der Welt, den Burj Khalifa, den es galt (mit dem Fahrstuhl) zu besteigen. Auch interessierte mich die Scheich-Zayid-Moschee in Abu Dhabi, über deren überwältigende Pracht so viel geschrieben stand. Also hatte ich eine Woche Dubai als Beginn meiner Reise eingeplant.

Gebucht hatte ich ein Zimmer über Airbnb bei einer jungen Frau, die gebürtig aus Polen kam, allerdings fließend Deutsch und Englisch sprach. Das wäre für den Anfang schon mal ganz gut, dachte ich, damit ich sprachlich nicht gleich ins kalte Wasser geworfen würde.

Vereinigte Arabische Emirate – Dubai

Allerdings stieß ich gleich nach meiner Ankunft an meine Grenzen, als ich über Uber eine Fahrt buchen wollte, was ohne WLAN und mit meinen geringen Englischkenntnissen nicht ganz so einfach zu bewerkstelligen war. Gut, mein Fahrer war sehr verständnisvoll und fand mich schließlich wie ein aufgescheuchtes Huhn am äußeren Flugzeuggelände umherirren. Wahrscheinlich war ich nicht die erste Touristin, die an diesem Flughafen total überfordert war. Er hat seine Sache gut gemacht, mich nicht erst stundenlang durch die Stadt gefahren und mich sicher an die aufgeschriebene Adresse gebracht.

Meine Vermieterin, die schon länger in Dubai lebte und dort arbeitete und vor allem sehr gut Deutsch sprach, nahm mich herzlich auf und zeigte mir mein Zimmer mit Klimaanlage. Sie arbeitete in der Dubai Mall, einem riesigen Einkaufszentrum, um nicht zu sagen, der größten Einkaufsmeile weltweit (lt. Stadtführerin), in einem Juweliergeschäft und war den ganzen Tag außer Haus.

War es die lange Reise, acht Stunden Bus, sechs Stunden Flug, dazwischen lange Fußstrecken mit meinem überfüllten Handgepäcksrucksack? Auf jeden Fall hatte ich bei meiner Ankunft ziemliche Rückenschmerzen. Nun gut, es lebe die Pharmaindustrie, sie würde alle Beschwerden schnell verschwinden lassen. Doch weit gefehlt!

Nach einem Tag des Eingewöhnens hatte ich eine Tagestour durch Dubai gebucht. Ich freute mich sehr auf die neuen Eindrücke, denn unsere Reiseleiterin war eine deutschsprachige Ägypterin. Ich würde also alles verstehen und musste mir nicht das meiste zusammenreimen. Wie gesagt: die leidigen Englischkenntnisse!

Gleich morgens nach dem Frühstück nahm ich eine Schmerztablette gegen meine Rückenbeschwerden, die leider nicht besser geworden waren, und los ging der erste Ausflug. Das Treffen begann gleich im Dubai Museum, dem Al Fahidi Fort. Dort konnte man sich im Kurzprogramm über die Geschichte und die Gebräuche Dubais informieren. Wir waren acht Personen und freuten uns nicht nur über die neuen Erkenntnisse, sondern auch über die Klimaanlage, da es morgens um 9 Uhr schon an die 36 Grad hatte.

Danach erwartete uns ein kleiner Shuttlebus am Ausgang, um uns zum Spice & Gold Market zu fahren. Nach einer kleinen Gewürzkunde hatten wir ein bisschen Zeit, um uns die Geschäfte anzusehen. Es ist unvorstellbar, welch kunstvoller Schmuck dort hergestellt wird. Ja, sogar ganze Mieder werden aus Gold fabriziert, um die zukünftige Braut damit zu zieren. Es mag für die arabische Mentalität normal sein, aber ich denke, die europäische Frau würde sich für ein Leben im goldenen Käfig nicht mit Gold aufwiegen lassen wollen. Nun ja, vielleicht wäre da sogar der ein oder andere Scheich mit seinen Mitteln überfordert.

Nach einem kurzen Fotostopp am Jumeirah Beach mit Blick aufs Burj al Arab, das Siebensternehotel, das einem Segel gleicht, ging es ins Souk Madinat, ein arabisches Einkaufszentrum mit viel bunten Lichterarrangements, glänzenden Goldgeschmeiden und Tourismus-Schnick-Schnack.

Je länger die Fahrt dauerte, umso mehr genossen wir den Blick aus dem Bus, denn dort herrschte angenehme Kühle, während draußen schon lange die 40-Grad-Grenze überschritten war.

Aber egal wohin wir kamen, überall war die Handschrift des Herrschers Mohammed bin Raschid Al Maktum erkennbar. Überall wurde gebaut: ein noch größeres Hotel, ein noch höherer Turm, neue Villen, alles für gigantische Summen. Nirgendwo wird einem der Unterschied zwischen reich und arm so bewusst und nirgendwo hat mich dieser unermessliche Reichtum so irritiert, weil er in meinen Augen für so viel unnötige Dinge verschwendet wurde.

Alsdann befuhren wir die Palmeninsel, der Stamm, eine mehrspurig befahrene Schnellstraße mit einem Tunnel unterhalb des Meeresspiegels. Die Wedel der Palme, eine Reihe von Privatvillen mit eigenem Strand. Auch David Beckham besitzt hier ein Domizil. Der Preis: mehrere Millionen Dollar. Nun ja, seine Frau verdient gut.

An der Stirnseite dieser einzigartigen Formation erstreckt sich Atlantis, der kolossale Bau eines Hotels. Dessen teuerste Behausung, die Royal-Bridge-Suite, ganz oben in der Mitte, ist 900 qm groß und kostet am Tag 35.000 Dollar, Frühstück inklusive.

Es versteht sich von selbst, dass das Atlantis-Hotel auch ein Atlantis-Aquarium beherbergt. Eine gigantische Wassersäule mit Haien, Rochen verschiedenster Art und Größe und etlichen Tausenden Schwarmfischen. Nicht in der Größe eines Guppys, nein, eher in Medizinballgröße. So musste die Vorstellung der versunkenen Stadt Atlantis gewesen sein.

Im Anschluss an unseren Palmeninselausflug kamen wir eine Prachtstraße entlang, links und rechts gesäumt von Schönheits- und Dentalkliniken. „Schließlich möchte man für sein Gold auch eine Zeit lang etwas davon haben", denkt sich das begüterte Familienoberhaupt. Überhaupt ist es für diese Frauen sehr existenziell, gut auszusehen, auch wenn sie dies in der Öffentlichkeit nur sehr begrenzt zeigen dürfen. Eigentlich schade, so viel Aufwand für einen Mann, der sich bis zu drei Frauen leisten darf. Aber wahrscheinlich kommt man deshalb so in Zugzwang.

Danach folgten gleich die Mauern der Privatanwesen des Bruders und der Schwester von Mohammed bin Raschid Al Maktum. (Es ist in Dubai erwünscht, seinen Namen immer ganz zu nennen, also werde ich das auch so halten. Schließlich möchte ich nicht in Ungnade fallen.) Daran schloss sich sein Besitztum an. Wie man vielleicht erahnen kann, noch gigantischer, imposanter, schlicht übermächtig! Schon anhand der Größe dieser Domizile lässt sich der unermessliche Reichtum dieser Familie erahnen. Kein Wunder, Dubai wächst täglich, überall entstehen neue kolossale Hotelpaläste und die drei Baufirmen, die dafür zuständig sind, gehören: Mohammed bin Rashid Al Maktum ... ein bemerkenswerter Mann!

Das Ende unserer Unternehmung war unter anderem der Besuch der bereits erwähnten Dubai Mall. Die Galerie Lafayette darf dort ebenso wenig fehlen wie Chanel, Louis Vuitton, Hermès etc. Aber auch Geschäfte für die Normalsterblichen wie H & M, Adidas und Burger King sind dort vertreten. Kurzum, es gab dort nichts, was es nicht gab. Unsere Reiseleiterin drückte uns jeweils eine Karte für das Burj Khalifa in die Hand und verschwand.

Mit einem geräuschlosen Fahrstuhl ging es dann in die 124. Etage. Der Ausblick war phänomenal. Allerdings konnte ich ihn schon nicht mehr so hemmungslos genießen, denn die Schmerztablette vom Morgen hatte deutlich nachgelassen und es fühlte sich langsam so an, als hätte ich mir auf meiner Kehrseite einen Nerv eingeklemmt. Mist, eine Blockade!

Gut, in dieser Beziehung bin ich ein alter Hase, da hatte ich schon einige sehr miese Erfahrungen machen können. So hat halt jeder seine Schwachstellen, meine war das Kreuz mit meinem Kreuz. Deswegen nichts wie runter und eine Apotheke finden! Was nicht so leicht ist, wenn einen die Beschwerden wie eine 99-Jährige schlurfen lassen und das inmitten von Burberry- und Escada-Shops. Es war auch nicht sehr einfach, sich in der größten Mall zurechtzufinden, zumal die Entfernungen in so einem Zustand ganz schön groß sein können.

Inzwischen fror ich entsetzlich, einerseits wegen der übermäßig aufgedrehten Klimaanlagen, andererseits auch wegen der Schmerzen. So schlich ich dann in gebückter Haltung auf der Suche nach

Hilfe mit meiner lila-gemusterten Pumphose, meinem rosa Shirt und einem zu einer Stola umfunktionierten Tuch in schwarz-rot, ein absoluter Fremdkörper in dieser schönen reichen Umgebung, herum und freute mich, dass mein Sohn nicht mitgefahren war, um mich in diesem Zustand zu sehen.

Meine Kollegin sagte einmal zu mir, „Marianne, du wirst auf deiner Reise alles ablegen, was dein Leben die letzten dreißig Jahre ausgemacht hat, und dann wirst du dich selbst finden." Und genau das dachte ich mir in diesem Moment auch. Ich war keine Mutter, keine Ehegattin, keine Geschäftsfrau. Sondern ein kleiner, unbedeutender Mensch, der jetzt anfangen würde sich selbst zu finden … und die nächste Apotheke!

Drei Tage später war alles wieder gut, die Medikamente hatten die Muskeln entspannt, der beleidigte Nerv hatte sich beruhigt und ich war zu neuen Unternehmungen bereit. Die größte Moschee der Vereinigten Arabischen Emirate und achtgrößte der Welt, die Sheikh-Zayed-Moschee wollte ich mir doch nicht entgehen lassen. Sie steht in Abu Dhabi, der Hauptstadt der Emirate, und ich wollte diesen Tag zugleich mit einem Besuch des arabischen Louvre verbinden.

Für dieses Ereignis hatte ich mich wiederum bei einer Reisegesellschaft angemeldet, allerdings gab es sie nicht in deutscher Sprache. Aber sei's drum, irgendwann musste ich ja beginnen, mich auf dieses Wagnis einzulassen.

Gleich morgens um 8 Uhr ging's los. Ich wurde von einem englischsprechenden arabischen Fremdenführer mit dem Bus am vereinbarten Treffpunkt abgeholt und los ging die Fahrt nach Abu Dhabi, das eine gute Stunde mit dem Auto von Dubai entfernt lag. Unsere Gruppe bestand aus ca. 20 Leuten, die meisten einige Jahre jünger als ich. Noch im Bus wurden wir auf die strengen Besucherregeln hingewiesen. Die Männer durften zwar kurzärmlige Shirts tragen, lange Hosen waren allerdings Pflicht. Wer dem nicht entsprach, bekam eine Kandoora, ein langes weißes Nachthemd, auferlegt.

Noch strenger wurde die Kleiderregelung bei den Damen gehandhabt. Lange, weite Kleidung bis zu den Knöcheln, langärmlig und eine Kopfbedeckung waren dort ein Muss. Da wir Frauen bei 40 Grad Außentemperatur nicht dem Ideal entsprachen, wurde uns allen ein Abaya-Dress vom Reiseleiter geliehen. Ein langes, langärmliges schwarzes Kleid aus Polyester mit Goldstickerei, dazu ein passender Schleier als Kopfbedeckung, schön anzusehen, allerdings eine Tortour bei diesen klimatischen Verhältnissen. Ich denke, man könnte es auch als Saunaanzug patentieren lassen ...

Mitnehmen durfte man: Handy, Geldbeutel, Sonnenbrille, eine kleine Wasserflasche und eine Digitalkamera. Lippenstift, Nagelfeile, Kugelschreiber oder Ähnliches waren tabu.

Nach dem Check-in gelangten wir über mehrere unterirdische Gänge und Rolltreppen endlich zur Moschee.

Von Bildern kennt man sie, ein wunderschönes schneeweißes Gebäude. Man hat immer ein bisschen das Gefühl, das die Abbildungen bearbeitet wurden, so riesig, rein und herrlich erstrahlt sie dort.

Aber weit gefehlt! Was uns dort erwartete, übertraf sämtliche Vorstellungen. Dieses Bauwerk war so einzigartig, dass man nur staunen konnte. Vier Minarette, 82 verschieden große Kuppeln, alles in schneeweißem Carrara-Marmor aus Italien, wunderschöne gefliese Böden aus den verschiedensten Marmorsorten, überall symmetrisch angelegte Pools, grandiose Säulen in Weiß und Gold. Der Rasen dazwischen war gleichmäßig kurz gehalten und vervollständigte durch sein lebendiges Grün das Gesamtbild. Ständig war man versucht, immer und immer wieder alles zu fotografieren, und konnte sich nicht sattsehen an dieser baulichen Schönheit.

Als wir nach etlichen Fotostopps endlich ins Innere kamen (Gott ... nein Allah sei Dank mit Klimaanlage!), waren wir doch erstaunt, dass es nach diesem Anblick noch eine Steigerung gab. Der größte Kronleuchter, zum Großteil aus verschieden bunten Swarovski-Kristallen und 24-karätigem Gold hergestellt, wetteiferte mit dem weltweit größten handgeknüpften Teppich, ein Traum aus zarten Blumen- und Blütenranken, 5.627 Quadratmeter groß und 47 Tonnen schwer. Verschiedenste Mosaike, eingemauert in weiß-goldene Nischen, die herrlichen Säulen dazwischen, es war grandios.

Das alles hat natürlich auch seinen Preis: ca. 545 Millionen Dollar.

Ich konnte mir nicht vorstellen, dass das Taj Mahal mich mehr beeindrucken würde als dieser imposante Prachtbau. Vor allem die Vorstellung, dass diese Moschee zu Ehren ihres Gottes Allah gebaut wurde, dessen 99 Namen im Inneren die Wände schmückten. Sie bietet Platz für bis zu 40.000 Gläubige, die dort gemeinsam ihre Gebete abhalten können. Da darf man schon mal vor Ehrfurcht ergriffen sein.

Der Nachmittag war dann dem Louvre gewidmet. Was sollte uns jetzt noch beeindrucken? Und genauso war es auch.

Das Museum glich einem Ufo, architektonisch sehr futuristisch, das hinter einem flachen Bau, dem Eingangsbereich, fast verschwand. Im Inneren zeigte sich alles sehr weitläufig und großzügig eingeteilt. Vielleicht war ich ungerecht, aber da ich in Paris schon des Öfteren das Original besucht hatte, war ich nun doch ein wenig enttäuscht. Die Sammlungen waren sehr erlesen, aber doch spärlich im Gegensatz zum Musée du Louvre in Paris, der Mutter der Geschichte, dem Zentrum von Kunst und Künstlern. Dennoch war ich froh, hier zu sein, um meine Gedanken ein wenig ordnen zu können. Es war ein angemessenes Abklingen des aufregenden Vormittags und tat uns allen gut.

Nach zwei Stunden entspannter Durchsicht machten wir uns wieder auf den Weg zum Bus und zurück nach Dubai. Ein weiterer

Tag in diesem fremden Land mit vielen positiven Eindrücken ging dem Ende zu.

Der letzte Tag in Dubai war dem Wäschewaschen und Packen gewidmet. Auch wenn ich anfangs sehr skeptisch gegenüber den Arabern gewesen war, so sehr merkte ich doch, dass ich anfing, mich dort wohl und vor allem auch sicher zu fühlen. Schade, eine Woche war ein wenig zu kurz zum Kennenlernen.

Posieren im traditionellen Gewand vor der Sheikh-Zayed-Moschee

Nachts zum Schwimmen ins Meer. Doch auch nachts sinken die Temperaturen nicht unter 35 Grad.

Eine riesige Badewanne!

Indien – Neu-Delhi

Die Ankunft in Neu-Delhi war, wie ich erwartet hatte, ein Kulturschock. Allerdings hatte ich mir bis dahin noch keine Gedanken gemacht, was auf mich zukommen würde. Auf jeden Fall nicht das.

Schon von daheim aus hatte ich eine zweiwöchige Sightseeingtour mit einer bekannten Reisegesellschaft durch Indien gebucht. Diese sollte vier Tage nach meiner Ankunft beginnen. Meine Kinder hatten mir dazu geraten, da sie sich gerade bei diesem Land Sorgen machten, dass ich überfordert sein würde. So ganz unrecht hatten sie damit auch nicht. Es begann schon bei der Ankunft am Flughafen.

Dort wurde ich von einem zwielichtigen Alten mit katastrophalen Zähnen (fällt mir als ehemalige Zahnarzthelferin immer als Erstes auf) angesprochen, ob ich ein Taxi bräuchte. Ich hatte schon ein wenig ein ungutes Gefühl, aber so über den Tisch gezogen zu werden hatte ich nicht erwartet.

Nicht nur, dass er das Vierfache! des üblichen Preises verlangte (was ich zu diesem Zeitpunkt leider noch nicht wusste), er jonglierte mich zu einem anderen Taxifahrer, ein junger Kerl, der keinerlei Ahnung hatte, wie er meine Adresse finden sollte. Rotzend und rülpsend fuhr er ständig hupend in den chaotischsten Verkehr, den ich bis dahin erlebt hatte. Es war ein Wettrennen zwischen Autos, Rikschas, Motorrädern und Fahrrädern. Ich hatte das Gefühl, dass es dort keine Verkehrsregeln gab. Alles kam von allen Seiten, derjenige, der am lautesten und längsten hupte, bekam Vorfahrt, so einen Eindruck hatte man. Heute muss ich sagen, die Inder, vor allem die in den Großstädten, genießen meinen vollsten

Respekt, wenn sie es mit ihrer Fahrweise fertigbringen, unfallfrei ans Ziel zu gelangen.

Die Straßen schmutzig, die Gebäude zum Teil verfallen, dieser Gestank und der Lärm – eigentlich wollte ich gleich wieder umkehren in mein schönes, sauberes Dubai.

Mein Fahrer war allerdings noch lange nicht am Ziel. Zuerst fuhr er nach einer gefühlten Ewigkeit in ein indisches Reisebüro, um sich nach dem Weg zu erkundigen, danach wollte er noch 800 Indische Rupien fürs Parken (üblich sind 10 Rupien), alles in allem ein absoluter Reinfall. Ich schwor mir, das nächste Mal würde ich auf mein Bauchgefühl hören.

Als ich nach zwei nervigen und sehr teuren Stunden am Hotel ankam, sagte man mir, dass es wegen eines Brandes geschlossen sei, und quartierte mich kurzerhand in ein anderes Hotel ein, das zwei Häuser davor lag.

Ich wollte nur noch duschen und schlafen und dann aus diesem Albtraum aufwachen.

Aber weit gefehlt! Mein Hotelzimmer roch seltsam, sobald ich die Klimaanlage anmachte, hatte ich das Gefühl, ein Hubschrauber lande in meinem Zimmer, und die Bettwäsche machte den Eindruck, als wäre sie schon einige Zeit nicht mehr gewaschen worden. Nein, nicht schmutzig, aber sie strömte einen unangenehmen, säuerlichen Geruch aus. Und das Schlimmste: Ich war von der Außenwelt abgeschnitten, da meine Prepaidkarte, die ich noch am Flughafen erstanden hatte, nicht funktionierte. „Okay, Marianne, du bist jetzt die zweite Woche weg von daheim, du wirst jetzt nicht aufgeben wegen ein paar Unbequemlichkeiten", schalt ich mich und wollte doch in diesem Moment am liebsten heim.

Aber Aufgeben gab es nicht und so ging ich hinunter zum Rezeptionisten, um mich zu informieren, wie ich ins WLAN käme. Und, oh Wunder, dieser Mensch kümmerte sich um alles. Er rief am Flughafen an, damit meine Karte freigeschaltet wurde, schnappte sich mein Handy und richtete mein WIFI ein. Ich hätte ihn küssen können! Es ging wieder bergauf.

Nachdem ich die Nacht auf meinem Badehandtuch verbracht hatte, wachte ich nicht mehr ganz so mutlos auf. Mein Schlafsackinlett, das ich für solche Fälle mitgenommen hatte, bestand aus 100 % Polyester und es war unmöglich, ohne Klimaanlage bei dieser Hitze in diesem Teil zu verbringen. Ich hätte es sofort entsorgen wollen, aber man wusste ja nie, was einem auf der Reise noch so alles begegnen würde.

„Also gut, alles wird jetzt gemacht, wie im Reiseführer beschrieben", dachte ich mir, putzte mir mit Mineralwasser die Zähne, brühte mir in meinem Zimmer einen Tee mit Mineralwasser auf und hatte zum Glück noch einige Kekse aus Dubai dabei.

Danach wollte ich diese Tuk-Tuks ausprobieren, kleine Motorradrikschas, die auch mal ein Taxi ersetzten. Tja, mal wieder danebengelangt … Ich sprach einen jungen Mann an, der so ein Gefährt fuhr, beachtete jedoch nicht, dass die zugelassenen Rikschas grün-gelb sein müssen. Und so wurde ich ein zweites Mal Opfer meiner Unwissenheit oder – soll ich gemein zu mir selbst sein? – meiner Blödheit.

Statt mich zu einem sehr bekannten Mausoleum zu fahren, brachte er mich zur nächsten Metro-Station, ließ mich aussteigen und verlangte einen horrenden Preis. Was soll ich sagen? Der Depp hat gezahlt und ist die ganze Strecke zu Fuß zurückgelaufen.

Aber Aufgeben kam nicht infrage, also sprach ich beim zweiten Versuch einen sehr alten, vertrauenswürdig erscheinenden Rikschafahrer in einem grün-gelben Gefährt an und hielt ihm mein Handy mit der besagten Adresse unter die Nase. Diesmal fragte ich gleich nach dem Preis und er war lächerlich günstig.

Nach einer ewig dauernden, halsbrecherischen Fahrt erreichten wir die ersehnte Sehenswürdigkeit. Ich muss diesem Mann zugestehen, dieses Reaktionsvermögen in diesem mörderischen Verkehr würde ihm in Deutschland so schnell keiner nachmachen.

Mein erstes Monument, das Humayun-Mausoleum, ein wunderschöner historischer Grabbau mit einem riesigen Garten und weiteren beeindruckenden Bauwerken, ist nicht ohne Grund ein Weltkulturerbe. Er wurde zu Ehren des zweiten Herrschers des Großmogulreiches errichtet. In diesem gigantischen Anwesen konnte man stundenlang spazieren gehen, sich unter Bäumen ausruhen oder sich in den verschiedenen Gebäuden aufhalten. Und diese Ruhe ... himmlisch.

Nach diesem Chaos in der Stadt mit ihrem ständigen Gehupe und diesen zweifelhaften Gerüchen war dies hier wirklich eine Oase für die Sinne. Fast war ich wieder mit Indien versöhnt. Doch dann kam die Heimfahrt!

Diesmal nahm ich wieder ein registriertes Tuk-Tuk-Gefährt, darin ein junger Mann, der mir einen kompetenten Eindruck machte. Doch weit gefehlt: Nach 200 Metern hielt er an und fragte mich, ob ich GPS hätte, denn dann könnte ich ihm durch den Verkehr den richtigen Weg weisen. „Spinnt der?" dachte ich mir, sagte aber im besten Englisch: „No, I cannot! Do it yourself, please!" Und das tat er. Er fuhr, er fragte, er fuhr, er fragte und so weiter. Letztendlich kamen wir irgendwann beide genervt am Hotel an und er wollte den doppelten Preis wie vereinbart. Da er ja so viele Unannehmlichkeiten hatte. Ich ließ ihn wissen, dass ich seine Unwissenheit nicht mitbezahlen würde, und schacherte mit ihm um den Preis. Mit einem geringen Aufpreis ließ ich ihn ziehen und er schimpfte, warum er kein Trinkgeld bekäme. Mann, war ich sauer! Wenn das so weiterging, dann hätte ich in einer Woche die Nase von Indien gestrichen voll.

Am nächsten Morgen, gestärkt mit Tee und Keksen, die ich wieder in meinem Zimmer einnahm, beklagte ich mich an der Rezeption über dieses Ausnutzen unbedarfter Touristinnen. Der Rezeptionist meines Vertrauens war total entsetzt über diese Unverfrorenheit seiner Landsleute und erklärte mir, falls ich ein Taxi des Hauses für einen Tag mieten würde, könnte ich den ganzen Tag Sehenswürdigkeiten bewundern, mein Fahrer würde für geringes Parkgeld auf mich warten und würde mir den ein oder anderen Geheimtipp zeigen. Wie viel Trinkgeld ich zu geben bereit war, bliebe mir überlassen. Gut, das hörte sich doch nach einem fairen Deal an und ich stimmte zu.

An diesem Tag fuhr ich mit einem sehr sympathischen jungen Inder zuerst ins Nationalmuseum. Er gab mir seine Handynummer, damit ich ihn anrufen könne, sobald ich fertig wäre. Den ungefähren Zeitpunkt machten wir trotzdem aus, damit wir einen Anhaltspunkt hatten.

Danach ging es zum India-Gate, ein Kriegerdenkmal aus den 1920ern, das ein wenig dem Triumphbogen in Paris ähnelte. Wir kamen am Parlament House vorbei und danach am Raj Ghat, der Gedenkstätte, an der die Einäscherung Gandhis am 31.01.1948 stattfand.

Überall machte meine Begleitung Fotos von mir und ich muss sagen, fotografieren konnte er auch, denn er machte meistens sehr vorteilhafte Bilder.

Zur Mittagszeit fuhr er mich in ein sehr gutes, bezahlbares indisches Restaurant, damit ich die hiesige Küche kennenlernen konnte. Den Abschluss bildete ein Besuch im Lotustempel. Ich ging allein dorthin, mein Reisebegleiter wollte mit seiner Familie telefonieren.

Für Inder mag das normal sein, aber für mich, die sich seit über 30 Jahren mit Füßen und deren Erkrankungen beschäftigt, war das schon eine Bewährungsprobe.

Bevor man den Tempel betritt, muss man die Schuhe ausziehen und an einer Art Garderobe abgeben. Danach geht man mit Hunderten von Gläubigen auf einem Sisalteppich entlang zum Tempel. Ein leichter Geruch von Fußschweiß und diversen anderen Gerüchen, die dem Fuß zuzuordnen sind, durchströmte die Luft. Jedes Mal, wenn ich von diesem feuchten, klebrigen Sisalteppich auf die Fliesen kam, bildete sich dort ein Fußabdruck. Wo immer es möglich war, blieb ich auf den Fliesen, denn wenn man bedenkt, wie viele Leute in wie vielen Jahren alle barfuß über diesen Sisalteppich gegangen sind ... Ich war noch nie in meinem Leben so erleichtert, dass ich Desinfektionstücher dabeihatte.

Nichtsdestotrotz war dieser Tag im Vergleich zum vorigen sehr entspannend, ich habe sehr viele freundliche Inderinnen und Inder in meinem Umfeld kennengelernt und abends freute ich mich auf mein Bier im Hotelrestaurant. Es ist schon erstaunlich, in welch kurzer Zeit die Bedürfnisse zurückgehen und einen trotzdem zufrieden stellen können.

Endlich war der Zeitpunkt gekommen, an dem im meine Gruppe kennenlernen sollte. Abends um 18 Uhr war das erste Treffen und schon einige Stunden davor traf ich auf eine sehr aufgeschlossene und lustige Australierin, die einige Jahre älter als ich zu sein schien, allerdings eine jugendliche Ausstrahlung hatte, die sie unheimlich sympathisch machte. Insgesamt waren wir zwölf Personen, den Reiseleiter miteingeschlossen: ein Inder, drei Australierinnen, eine Neuseeländerin, zwei Engländerinnen, eine Schottin, eine Mexikanerin und noch drei weitere Deutsche. Meine Erleichterung war natürlich riesig, hatte ich doch ein bisschen die Befürchtung gehabt, mit meinem immer noch spärlichen Englisch nicht weit zu kommen. Und nicht nur das, die ganze Gruppe war so offen und herzlich, dass ich mich vom ersten Moment richtig wohlfühlte.

Unser Guide, ein Inder namens Raj, erklärte uns den Ablauf der ersten Tage, natürlich alles in Englisch, wovon ich nicht allzu viel verstand. Allerdings hatte ich mich gleich mit einem deutschen Pärchen, Tina und Olav, darauf geeinigt, sollte etwas Wichtiges zur Sprache kommen, würden sie mir das auf jeden Fall noch mal auf Deutsch übersetzen.

Und so ging der erste Tag mit einem gemeinsamen Abendessen zu Ende, bei dem noch viel gelacht wurde.

Am nächsten Tag, gleich nach dem Frühstück, wurden wir von Tuk-Tuks abgeholt und los ging es nach Neu-Delhi, in eine kleine Seitenstraße, in der schon ein Jugendlicher der Salaam-Balak-Trust wartete. Das ist eine kleine Gesellschaft, die Kindern in Indien eine Schulbildung gibt und sie später auch beruflich unterstützt. Sogar Michelle Obama und Prinz William aus Großbritannien waren schon da und haben ihre Unterstützung zugesichert.

Den ganzen Tag besichtigten wir gemeinsam verschiedene Tempel und waren auch in Old Delhi in der Jama-Masjid-Moschee. Nachdem wir uns an der Außentreppe die Schuhe ausgezogen hatten, wurden wir alle an der Eingangspforte mit einem langen, langärmligen Kleid bedacht. Natürlich nur die Frauen, bei den Männern genügte lange Hose und Kurzarm. Es ist die größte Moschee Indiens und eine der größten des Islams. Das Gebäude ist aus rotem Ziegelstein gebaut, verkleidet mit ebenfalls roten Sandsteinplatten. Zum Teil ist auch weißer Marmor mit eingearbeitet. Das Ganze liegt in einem Innenhof, in dessen Mitte sich ein großes, rechteckiges Wasserbecken befindet, damit der Gläubige sich vor seinem Gebet reinigen kann. Außer seine Füße!

Überhaupt haben die Inder ein sehr eigenes Verhältnis zu ihren Füßen. Ob Tempel oder Privatgebäude, überall werden die Schuhe ausgezogen und barfuß gelaufen. Manchmal hege ich den Verdacht, dass bei vielen die Schuhe sauberer sind als die Füße …

Nach unserem Besuch ging es mit unseren Tuk-Tuks wieder zurück in die Innenstadt. Inzwischen war es Mittag geworden und wir kamen an einer weiteren Gebetsstätte an.

Nachdem wir uns dort wieder der Schuhe entledigt hatten, betraten wir einen sehr großen Saal, der gänzlich in rot-goldenen Farben leuchtete. Allgemein ging es in den Tempeln immer sehr farbenfroh zu. Es fand anscheinend gerade eine Gebetsstunde statt, denn vorne an einer Art Altar wurde gesungen und Musik gemacht. Die Menschen, Männer wie Frauen, saßen davor im Schneidersitz auf einem Teppich, hatten die Hände vor der Brust gefaltet und beteten im Stillen mit. Schon allein die fremdklingenden Geräusche und Rhythmen ließen uns still, beinahe andächtig werden.

Nach einigen Minuten verließen wir den Raum und gingen zuerst auf der anderen Seite hinaus, einige Treppen hinunter und durch eine weitere Tür daneben wieder ins Innere. Dort war eine Art Großraumküche untergebracht. Ungefähr zwanzig Inderinnen und Inder saßen um einen Tisch herum. Einige Frauen nahmen von einem großen Teig gleichmäßig große Stücke und drehten sie zu kleinen Knödeln. Danach warfen sie die kleinen Teile jedem in der Runde zu. Der Rest der Leute hatte kleine Nudelhölzer, damit wurden diese Kugeln in Windeseile zu kleinen runden Fladen ausgerollt. Diese wurden auf einen großen Teller gelegt und ein Junge kam und nahm sie mit, damit sie im Ofen gebacken werden konnten. Gut, jetzt wussten wir schon mal, wie das indische Brot, das Nan, zubereitet wurde.

Nachdem wir aufgefordert worden waren, uns die Hände zu waschen, konnten wir an diesem riesigen Tisch Platz nehmen (natürlich im Schneidersitz, was mir äußerst schwerfiel) und mit den Hölzern unser Backkönnen unter Beweis stellen. Raj fotografierte unsere lustige Runde und kurze Zeit später ging es in einen sehr großen Nebenraum, auf dessen Boden sich vier lange, schmale Teppiche reihten. Einige Menschen, Männer, Frauen und Kinder saßen darauf in Reih und Glied und warteten. Auch wir wurden aufgefordert, nacheinander Platz zu nehmen. Wie immer im Schneidersitz ... eine Tortour für meine steifen Glieder. Verstohlen beobachtete ich die anderen. Dort saßen Alte und Junge, und das Schlimmste: alle mit gekreuzten Beinen. Wie peinlich! Ich nahm mir vor, das in Zukunft zu trainieren. Es konnte doch nicht sein, dass ich als Einzige wie ein steifes Brett mit ausgestreckten Gliedern dasaß. Als dann die Blechteller verteilt wurden, ging alles ziemlich schnell. Ein Mann kam mit einer Suppenkelle und schöpfte aus einem Eimer für jeden einen Löffel Gemüsesuppe (schätze ich mal). Danach kam ein anderer und warf jedem von uns zwei Nan-Brote hin. Fertig! Denn in Indien ist man mit der Hand, und zwar mit der Rechten. Nur mit der Rechten! Mit der Linken wird der Körper gereinigt. Auch nach der Toilette. Ich denke, da wir grade beim Essen sind, brauche ich nicht ins Detail zu gehen.

Und so waren wir auch bei der Speisenverteilung an den Teil der Bevölkerung dabei, dem es in Old Delhi nicht so gut geht. Diese Massen an Menschen, die bedürftig sind, diese Armut, aber gleichzeitig diese Herzlichkeit, die wir dort erfahren haben, lassen einen nicht unbeeindruckt. In diesen Menschen habe ich so viel unerschütterlichen Glauben gesehen, wie ihn vielleicht nur der Hinduismus hervorbringen kann. Die Wiedergeburt in ein besseres Leben lässt die Menschen das alles in ihrem jetzigen kargen Sein ertragen. Anders kann ich mir nicht erklären, wie man so leben kann.

Aber vielleicht ist das auch unsere westliche Mentalität, die uns glauben lässt, alles verändern zu müssen. Immer mehr, immer schneller, immer besser … ist eine Lebensphilosophie, die doch eher der westlichen Hemisphäre zuzuschreiben ist (mit Ausnahme der Araber).

Frisch gestärkt ging es danach mit der Gruppe weiter, über das India Gate zum Lotustempel, den ich ja schon erleben durfte, und weiter bis zum Museum des Dalai Lama.

Abends fand dann wieder unser gemeinsames Abendessen statt, bei dem wir uns über das Gesehene austauschten.

Der nächste Morgen war unser Abreisetag, der uns zuerst nach Jaipur führen sollte. Auf dem Weg dorthin brachte uns der Bus zuerst zu einer riesigen Bergfestung aus dem 16. Jahrhundert, das Fort Amber. Für diesen einzigartigen Palast hatte wir einen eigenen Fremdenführer, der uns sehr kurzweilig und spannend die Geschichte dieses riesigen Anwesens erklärte. Zwischendurch erzählte er einige lustige Anekdoten, die sogar ich verstand. Nach einem kleinen Mittagessen ging die Reise nun weiter in die Hauptstadt von Rajasthan, nach Jaipur.

Dort angekommen besuchten wir zuerst einen Priestertempel, danach bei einem Spaziergang durch die Stadt den Hawa Mahal, den „Palast der Winde" aus rotem Sandstein. Überhaupt fiel es auf, dass sämtliche Gebäude aus diesen roten Ziegelsteinen gebaut wurden.

Jaipur ist genauso wie Delhi geprägt durch seinen hektischen, lauten Verkehr. Dazu kommt, dass es dort auch Kühe in der Stadt gibt. Bisher hatten wir Affen, Kühe und Ziegen nur außerhalb der Stadt erlebt. Auch in Neu-Delhi wimmelte es nur von Hunden. Hier in dieser Hauptstadt aber war alles vorzufinden. Es wurde mit einer Selbstverständlichkeit um sie herumgefahren, als würde es sich um Betonpfosten handeln. Niemand regte sich auf, so chaotisch der Verkehr auch sein mochte. Die Straßen waren in einem guten Zustand, es war insgesamt eine sauberere und freundlichere Stadt als Delhi. Kleine Geschäfte mit ihren Kleidern, Gewürzen und Schmuckartikeln wechselten sich mit ebenso auf kleinstem Raum gehaltenen Handwerksbetrieben ab.

Am nächsten Morgen hatten einige von uns eine Radtour durch die Stadt gebucht. Los ging es morgens um 5 Uhr 30. Sehr früh, allerdings nahm der Verkehr zu einem späteren Zeitpunkt so zu, das Gefahr für Leib und Leben drohte, sollten wir uns dann mit dem Fahrrad in diesen mörderischen Verkehr wagen.

Mit einem sehr unterhaltsamen Tourguide lernten wir die Stadt von ihrer einheimischen Seite kennen. Zuerst wurden an einem Marktplatz die heiligen Kühe gefüttert, bevor wir uns an einem

Lassi-Stand für die Weiterfahrt stärkten. Viele interessante Bauten kreuzten unseren Weg, das Jantar Mantar genauso wie der City Palace, bevor wir unsere Räder abstellten und zu Fuß über einen Markt schlenderten, der gerade aufgebaut wurde. Diese Farbenpracht der verschiedenen Gemüse- und Obstsorten, der bunten Blumen, die zu Ketten aufgereiht wurden, um damit die Tempel zu schmücken, und der Gewürze in riesigen Säcken, all das galt es zu bestaunen. Im Anschluss gelangten wir an einen riesigen Park, in dem mehrere Leute entspannten, Yoga machten oder sich zur Unterhaltung trafen. Unser Guide führte uns zu einer Gruppe vorwiegend älterer Männer, mit denen wir einen riesigen Kreis bilden sollten. Und dann lernten wir eine ganz andere Art des Yogas kennen: Lachyoga!

Ein groß gewachsener, schlanker Mann, ganz in Weiß gekleidet, sogar die Haare waren ganz weiß, demonstrierte im Vorfeld was zu tun war, und wir machten es nach. Es war so witzig, man sah sich gegenseitig an, erst links und dann rechts, danach ein Blick in den Himmel, alles mit gestreckten Armen und dabei herzhaft lachen. Auch wenn es am Anfang dem ein oder anderen schwerfiel, auf Kommando lautstark zu lachen, spätestens wenn man in das Gesicht des anderen blickte, musste man grinsen. Im zweiten Teil wurde fast das Gleiche gemacht, mit dem Unterschied, sich dabei gegenseitig die Zunge rauszustrecken. Mir taten am Schluss so meine Bauch- und Kiefermuskeln vom Lachen weh, so einen Spaß hatte ich schon lange nicht mehr. Schließlich war zu meiner Linken ein winziger, uralter Inder mit nur einem Zahn und rechts von mir ein dicker Glatzkopf, mit einem brüllenden Gelächter. Wenn jeder Tag so beginnen würde, konnte es kein schlechter Tag werden.

Im Anschluss durften wir noch einem Teil einer hinduistischen Zeremonie beiwohnen, die ganz in der Nähe stattfand. Ein zweites einfaches Frühstück, das wir am Straßenstand kauften, ließen wir uns auf einer Dachterrasse schmecken. Kleine panierte Kartoffelstücke und Masala-Tee nahmen wir, wie sollte es anders sein, im

Schneidersitz ein (Stühle sind in Indien leider Mangelware) und beobachteten die aufgehende Sonne.

So vieles gab es an diesem frühen Vormittag zu bestaunen und wir lernten dadurch auch eine andere Seite der indischen Mentalität kennen. Überall, wo wir hinkamen, wurden wir interessiert begutachtet, manchmal sogar mit der ganzen Familie fotografiert. „What's your name?", „Where do you come from?" mussten wir an diesem Vormittag viele Male beantworten. Einfach die Neugierde nach der Herkunft der „Weißen" ließ diese Menschen mit uns ins Gespräch kommen. Und sie waren alle sehr freundlich und uns zugetan.

Es gab einiges, was mir anfangs in Indien zuwider war: der Dreck, dieser Gestank nach Unrat und Urin, die aufdringlichen Inder, die sich nur an dir bereichern wollen, und die Blicke der Inder, die einen glauben lassen, man wäre ein Mensch zweiter Klasse.

Aber das ist nur die eine Seite. Daneben gibt es auch wunderschöne Bauwerke, tiefgläubige und freundliche Menschen, eine Farbenpracht von Saris, die von anmutigen Inderinnen getragen werden. Dabei spielt es keine Rolle, ob sie jung oder alt, wohlhabend oder bettelarm sind, diese stolze Haltung haben alle gemeinsam. Ich denke, jeder Besucher in diesem Land braucht erst mal eine gewisse Zeit, in der er seinen gewohnten Alltag, seine Religion, seine Ansichten abstreift und sich auf diese ganz und gar andere Mentalität einlässt. Ich selbst merkte, dass ich die Einstellung der Menschen und auch ihre Lebensphilosophie immer mehr zu schätzen lernte. Gut, bis auf die wenigen Gauner, die mir über den Weg gelaufen waren.

Jedenfalls war diese Radtour in Jaipur einer der besten Momente, die ich bis dahin bei meiner Rundreise durch Indien erleben durfte. Als der Tag sich langsam dem Ende zuneigte, hatte Raj eine kleine Überraschung für uns. Er führte uns durch enge Gassen zu einem Haus, das in den obersten Stockwerken ein Restaurant beherbergte. Dort angekommen, war auf der Dachterrasse eine lange Tafel aufgebaut, mit vielen Teelichtern und liebevoll hergerichteter Tischdekoration. Mit so viel lieben Menschen den Sonnenuntergang gemeinsam zu erleben, in diesem wunderschönen Ambiente – dieser Abend wird mir lange in Erinnerung bleiben.

Der nächste Tag war Shoppingtag. Die meisten kleinen Fabriken und Firmen, die wir besuchen durften, waren Familienbetriebe. Als Erstes erlebten wir eine Tuchfärberei und Schneiderei, die ihre Stoffe zum Teil noch selbst bedruckte. Auch wir durften uns ein bisschen in dieser Stoffdruckerei austoben, jeder bekam sein eigenes Tüchlein mit seinem selbst gedruckten Elefanten mit. Als Nächstes ging es in den Verkaufsraum. Dort wurden sämtliche Artikel vorgeführt, die dort angeboten wurden. Ich kaufte mir ein wunderschönes indisches Gewand aus Seide, denn bei dem Preis konnte ich nicht Nein sagen.

Im Anschluss folgte der Besuch einer Schmucksteinschleiferei mit hauseigenem Juweliergeschäft. Wie praktisch, konnte ich zu meinem schönen neuen Gewand noch eine passende Kette aus lauter Amethysten erwerben.

Das nächste Gewerbe war ein Steinmetz, der in mehreren Gebäuden untergebracht war. Dort wurden hauptsächlich Götterstatuen in Stein gemeißelt. In diesem Geschäft habe ich natürlich nichts gekauft. Den Abschluss bildete der Spice Market mit Säcken an Gewürzen und vor allem an Chilis. Grüne, rote, extrascharfe!

Wie schon von unserem Guide Raj angekündigt, würden wir den Abend in einem der größten Kinos von Indien erleben. Natürlich durfte ein Bollywoodfilm bei dieser Reise nicht fehlen. Die Ausstattung des Kinos glich eher einem klassischen Theater. Altrosa Wände, reichlich mit ausladenden goldenen Bögen und Kerzenständern verziert, der Boden ein anthrazitfarbener Teppich mit den gleichen gemusterten Bögen – nicht nur für die Einheimischen ein besonderes Highlight.

Jedoch schien es weltweit egal zu sein, in welchem Kino man saß, Popcorn zu essen gehörte auch hier dazu. In diesem Kino sogar in vier Geschmacksrichtungen: Süß, salzig, Karamellbutter und Curry.

Natürlich wurde der Film in Indisch gezeigt, aber Raj übersetzte uns in der Pause und am Schluss. Was allerdings nicht nötig gewesen wäre, denn die Handlung war recht einfach, es wurde viel getanzt und wie bei allen Bollywoodfilmen gab es am Ende ein Happy End.

Unser nächster Halt brachte uns diesmal fernab von den Städten und ihren Bauten. Diese Rundreise war eine perfekte Abwechslung von Sehenswürdigkeiten bestaunen, Großstadtdschungel und entspannten, ruhigen Gegenden. Nun wohnten wir abseits der Straßen in einem geschlossenen Camp in einem Zelt (sehr groß und geräumig), hatten aber einen Swimmingpool ganz für uns allein.

Jess, unsere Neuseeländerin, hatte schon vor unserer Zusammenkunft einige Wochen in Indien verbracht. Sie ließ sich dort zur Yogalehrerin ausbilden, wenn ich das richtig verstanden habe. Eine Garantie dafür möchte ich natürlich nicht geben.

An unserem ersten Morgen im Camp verabredeten wir uns mit ihr zu einer Yogastunde. Ob sie nun Lehrerin war oder nicht, war mir eigentlich egal, ich kann nur sagen, es hat uns allen sehr viel Spaß gemacht. Nun gut, allerdings hat es uns auch gezeigt, wie steif und unbeweglich der ein oder andere von uns war. Für mich hatte es den Anreiz, jeden Morgen diesen Schneidersitz zu üben. Es wäre doch gelacht, würde ich das nicht hinkriegen.

Einige Tage später war es dann so weit. Wir fuhren mit unserem klimatisierten Bus nach Agra. An diesem Morgen trafen wir uns zur Besichtigung des einzigartigen Taj Mahal. Dafür hatte ich mir meinen exklusiven indischen Dreiteiler (lange Hose, langärmelige Tunika und Schal) zugelegt.

Dennoch war es so, wie ich in Dubai befürchtet hatte. Dieser berauschende Moment, sprachlos vor diesem Monument zu stehen, blieb aus. Das Taj Mahal ist ein einzigartiges Mausoleum, wunderschön, gigantisch in seiner Größe, symmetrisch eingegliedert in einer sehr gepflegten, geometrisch gehaltenen Gartenanlage. Er wurde mit weiß-grauem Marmor verkleidet und ist 58 Meter hoch. Und trotzdem … Vielleicht lag es auch daran, dass wir bei unserem frühmorgendlichen Besuch, der mit seinem einzigartigen Licht diese spezielle Atmosphäre zaubern sollte, schlechtes Wetter hatten. Kein Sonnenaufgang, kein erstrahlendes Licht, es war trüb und leicht regnerisch.

Dieses Staunen, fassungslos vor einem Weltwunder zu stehen, hatte ich nicht. Sei's drum, wir hielten uns einige Zeit in diesem Anwesen auf, machten einige sehr schöne Erinnerungsfotos und das war's.

Der Nachmittag gehörte dem Agra Fort und dem Baby Taj, das zwar wesentlich kleiner, aber dafür einige Jahre älter als seine große Schwester ist und viel liebevoller im Detail gebaut wurde.

Nun folgten einige Tage Alipura, ein kleines einheimisches Dorf, in dem wir sehr stilvoll untergebracht wurden. Ein bisschen Ruhe, bevor es wieder in die Kleinstadt Orchha ging.

In einem exklusiven Spa-Hotel untergebracht bewunderten wir auf unseren Ausflügen die vielen Paläste und Tempelanlagen, berühmt für ihre erotischen Kamasutra-Statuen, die diese Ortschaft zu bieten hatte.

Da die Tigersafari ausfiel, wurde uns als Alternative ein Ausflug zu den Wasserfällen angeboten. Einige waren enttäuscht, andere ganz froh darüber, denn die Safari wäre separat zu zahlen gewesen und nicht ganz billig. Entschädigt wurden wir auf jeden Fall. Schon allein die Fahrt mit den Safarijeeps machte uns allen einen Heidenspaß. Die Fahrer lieferten sich ein kleines Wettrennen, natürlich ohne jemanden in Gefahr zu bringen. Leider hatte unser Jeep am Schluss das Nachsehen, da einem Reifen an unserem Auto ständig die Luft ausging.

Die Wasserfälle selbst waren ein solches Naturschauspiel, tosend und kraftvoll, im mystischen Licht der langsam untergehenden Sonne. Einzigartige Bilder entstanden dort, auch oft mit den Einheimischen, für die wir doch Exoten waren.

Unsere Busfahrt von Alipura nach Orchha am nächsten Morgen dauerte ca. zwei Stunden. Es ist eine Kleinstadt, die wiederum wegen ihrer Paläste bekannt ist. Einige von uns genossen den Tag am hoteleigenen Swimmingpool, andere besuchten eine Taragram Paper Making Factory oder bestaunten den riesigen Orchha-Palastkomplex mit seinen vielen Gängen und alten Wandmalereien.

Sogar ein Kochkurs stand auf dem Programm, den ich dankbar annahm, denn die indische Küche war mir doch ein bisschen suspekt. Alles wird miteinander verkocht und ich wusste eigentlich nie, was sich so alles darin befand. Darum kam mir dieser Kurs sehr gelegen. Gut, nun kann ich jeden beruhigen. Das Hauptsächliche der indischen Küche sind Gewürze, Gewürze und ... Gewürze. Koriander, Kreuzkümmel, Chili, Lorbeer, Kardamom, Zimt, Garam Masala, Kumin, Ingwer, Nelken und viele andere Gewürze kamen zum Einsatz. Wenn ich daran denke, in wie vielen deutschen Haushalten nur mit Salz und Pfeffer gewürzt wird ... da ist die indische Küche, was das betrifft, schon um einiges einfallsreicher.

Dazu viel Knoblauch und Zwiebeln, gepaart mit unterschiedlichstem Gemüse. Fleisch ist eher ein unterrepräsentiertes Lebensmittel. Auch im Nan (das indische Brot) steckt nur Wasser, Mehl und Salz. Allerdings wird zur Geschmacksaufbesserung sehr viel und gern Butter verwendet. Wir kochten Blumenkohl mit Curry, Tomaten-Chutney, gemischten Gemüsereis, Auberginen-Curry, dazu Bundi Riata (das ist ein Gericht aus Joghurt, der gern dazu gereicht wird, sollte jemandem das Essen zu scharf sein), Chapati-Brot, Buri (aus dem gleichen Teig wie das Chapati, allerdings in heißem Fett ausgebraten), Reispudding und Masala-Chai-Tee. Es schmeckte hervorragend! Ich denke, das ein oder andere Gericht wird es zu Hause auch mal geben.

Die Gefahr, sich in Indien den Magen zu verderben, liegt eher im Wasser. Durch den Monsunregen können oft die Rohre das viele Wasser nicht mehr transportieren und platzen. Dadurch vermischt sich das verschmutzte Wasser mit dem Trinkwasser. Der Klimawandel tut sein Übriges. Dadurch dass der Meeresspiegel steigt, dringt Salzwasser ins Grundwasser und macht es als Trinkwasser ungenießbar.

Auch in unserer Gruppe hatte im Laufe der zwei Wochen immer mal wieder einer von uns Probleme, denn manche Inder verkaufen zwar Wasser in Flaschen, haben es jedoch vorher aus der Leitung abgefüllt. Auch bei Getränken mit Eiswürfeln sowie Salaten ist Vorsicht geboten, möchte man nicht mit einer Diarrhöe (Durchfall) außer Gefecht gesetzt werden.

Doch auch die schönste Reise neigt sich langsam dem Ende zu. Als Abschluss unserer 14-tägigen Rundreise stand noch der Besuch der spirituellen Hauptstadt Indiens bevor: Varanasi.

Um dort hinzugelangen, fuhren wir 14 Stunden mit dem Overnight Train. Die Fahrt begann spätabends. Somit konnten wir uns gleich nach dem Einsteigen zur Ruhe begeben. Ich sollte im dritten Stockbett schlafen, also unter der Waggondecke, was für mich der absolute Horror gewesen wäre. Ich hätte die ganze Nacht Angst gehabt, aus dem Bett zu fallen, außerdem war die Trittleiter so eng, dass ich schon meine Schwierigkeiten gehabt hätte hinaufzukommen, geschweige denn, nachts aufs Klo zu gehen.

Aber ich hatte Glück, Tina war ganz begeistert, dort oben zu nächtigen, und so wurde kurzerhand getauscht. Somit blieb ich ganz unten, welche Erleichterung!

Für mich war es das erste Mal, mit einem Nachtzug zu fahren, und ich muss sagen, es war angenehmer als erwartet. Für jeden gab es frische Bettwäsche, eine warme Wolldecke und ein Kissen. Da die Klimaanlage die ganze Nacht lief, war die Decke auch vonnöten. Durch das ständige Geruckel schlief ich sehr schnell ein und da die Klimaanlage immer gleichmäßig brummte, übertönte sie auch den ein oder anderen Schnarcher. Überraschenderweise schlief ich gut und relativ lange und wachte morgens gegenüber einem älteren Inder auf, der mich ein wenig an Mahatma Gandhi erinnerte.

Also gut, Zähneputzen und Toilette sollte man sich bei solchen Fahrten in Indien verkneifen, so viele Hygieneartikel kann man gar nicht dabeihaben. Aber davor hatte uns Raj schon im Vorfeld gewarnt und so warteten wir damit, bis wir im Hotel ankamen, das sich, Gott sei Dank, gegenüber dem Bahnhof befand.

Nun war ich schon drei Wochen in Indien und gewöhnte mich langsam daran, dass überall gebettelt wurde und die Straßen gesäumt waren von Schlaglöchern und Tierkot. Auch die mäßigen hygienischen Bedingungen, die mir täglich begegneten, nahm ich gar nicht mehr so abschreckend wahr. Das Einzige, das mich allerdings immer wieder maßlos betroffen machte, waren diese Kinder, die uns am Ärmel zupften und um Essen oder Geld anbettelten. Und das Schlimmste daran, wenn man ihnen in die Augen sah, war dort so eine Leere und Hoffnungslosigkeit zu sehen, die kein Geldschein und kein Lebensmittel zu vertreiben schien. Das waren oft Stunden, in denen ich mich gar nicht mehr auf die Sehenswürdigkeiten konzentrierte, sondern mir Gedanken machte, was in diesem Land wohl alles schiefgelaufen war. Natürlich sprachen wir auch oft in der Gruppe darüber und Rebecca aus London brachte es vielleicht damit am besten zum Ausdruck: „The only way go with the flow!"

Vielleicht hörte sich das herzlos an, aber ich finde, aus diesem Satz spricht viel Wahres. Das Leben fließen lassen, egal wie es kommt, denn wir haben letztendlich keine Macht darüber, was wird.

Raj hatte sich bestimmt Gedanken darüber gemacht, warum er uns in Varanasi das schönste und modernste Hotel gebucht hatte. Denn wenn man über die Hotelstufen hinab nach draußen kam, erwartete uns die lauteste und verkehrsreichste Stadt, die wir in diesen beiden Wochen erlebt hatten. Durch den ständigen Monsunregen waren die Straßen und angedeuteten Fußwege mit der roten Erde aufgeweicht, riesige Pfützen vermischten sich mit Unrat und Tierexkrementen. In unserem Domizil jedoch konnten wir uns nach den aufreibenden Ausflügen immer wieder erholen.

Wir hatten Glück, dass es tagsüber meistens nicht regnete. So gingen wir zu Fuß zuerst durch überfüllte Straßen, in denen der Verkehr von allen Seiten zu kommen schien und ständig gehupt wurde. Danach kamen wir in beengte Gassen, wieder ständiges Gehupe … Es gab keinen Platz, wo sich nicht noch ein Motorrad oder Roller, immer laut hupend, durchquetschte. Dazwischen Menschen, die bettelten oder Postkarten oder Souvenirs verkaufen wollten. Ein einziger Spießrutenlauf!

Dann endlich lotste uns unser Fremdenführer in einen kleinen, offen stehenden Unterstand. Die Wände waren blau gestrichen und es gab überall Sitzgelegenheiten. An den Wänden hingen Hunderte von Passfotos der verschiedensten Menschen aller Nationalitäten. Wir waren in einer Lassi-Bar, The Blue Lassi Shop. Ihren Namen hatte sie nicht wegen ihrer Wände, sondern weil es dort die ausgefallensten Lassis gab. (Lassi ist selbst gemachter Trinkjoghurt.) In erster Linie und daher auch der Name: Heidelbeer-Lassi. Aber inzwischen gab es auch Geschmacksrichtungen wie: Schokoladen-Bananen-Lassi, Himbeer-Kokos-Lassi, Mango-Lassi, Erdbeer-Apfel-Lassi und viele Varianten mehr. Es wurde alles frisch zubereitet, allerdings waren bestimmte Früchte nur saisonbedingt zu haben. Eine sehr leckere Idee!

Wie wir in trauter Eintracht unsere Lassis schlürften und Fotos von einander machten, gingen plötzlich mit schnellen Schritten einige Inder an unserem Stand vorbei, die eine Bahre in rot-goldglänzenden Farben auf ihren Schultern trugen. Darauf eine vollkommen in goldene Stoffe eingehüllte Leiche, verziert mit Schleifen. Dahinter im gleichen flotten Schritt die Angehörigen, die ihren Verstorbenen zwischen Touristen, hupenden Motorrollern und Kühen zum Verbrennungs-Ghat brachten, der nur wenige Hundert Meter von unserer Lassi-Bar entfernt war. Das Ganze ging so schnell an uns vorüber, dass wir es im ersten Moment gar nicht glauben konnten. Allerdings bugsierte uns unser Tourguide nach einiger Zeit hinunter an den Ganges. Dort konnten wir in kurzer Entfernung dieses Verbrennungsritual beobachten. Es sah wie eine kleine Fabrik aus, in der in den unteren drei metallenen Kaminrohren das Feuer zu sehen war.

Ab und zu warfen wir einen Blick in den Fluss, standen wir doch an einer kleinen Anhöhe, die uns einen Ausblick über die unmittelbare Umgebung bot. Nun näherte sich ein kleines Motorboot, in dem vier Männer saßen. Und eine in Stoffe verhüllte Leiche! Das Boot stoppte vor unseren Augen und zwei Männer warfen den Leichnam, der mit einem Stein beschwert war, in den Fluss. Danach wendeten sie und fuhren in die gleiche Richtung zurück, aus der sie gekommen waren. Einige von uns hatten es gar nicht mitbekommen, so schnell und unspektakulär ging diese Seebestattung von statten. Im Nachhinein erfuhren wir, dass Priester, Schwangere und Kinder nicht verbrannt, sondern im Fluss versenkt wer-

den. Im gleichen Fluss, an dem sich einige Meter weiter die Tief-
gläubigen von ihren Sünden reinwaschen, mit dem Kopf untertau-
chen und das Wasser sogar trinken.

In Varanasi werden täglich Hunderte von Toten verbrannt, eine
kostspielige Sache für die Angehörigen, da sie das Holz vor Ort
kaufen müssen. Allerdings glauben die Hindus, durch dieses Verbrennungsritual wird die Wiedergeburt unterbrochen und der Tote
kommt direkt ins Nirvana. Zwei Stunden muss der Leichnam bren-
nen, damit er vollständig zu Asche wird. Manchmal brennt das
Holz schlecht, weil es einfach zu feucht ist, oder es wurde zu wenig
Holz gekauft. Dann bleiben noch Rückstände, wie Knochen, vom
Toten übrig. Diese teilen sich dann die Hunde, die dort in Scharen
überall zu finden sind. Der Rest gehört dem Fluss.

Bei Sonnenuntergang nahmen wir noch an der allabendlichen
Zeremonie zu Ehren der Götter teil, ein Spektakel mit jeder Menge
Feuer, Musik und Gesängen. Allerdings waren wir mit unseren
Gedanken nicht so recht bei der Sache, zu viel Eindrücke hatte uns
dieser Tag beschert. Nach diesem „Ausflug" waren wir alle erst
mal recht schweigsam und fuhren zurück zum Hotel. Es mag bestimmt für viele Besucher dieser Stadt eine spirituelle Erfahrung
sein, die Gebräuche der Gläubigen in diesem Land zu erleben. Allerdings ist die Einstellung zum Tod so widersprüchlich zum
christlichen Glauben, dass hier für uns weder Andacht noch Trauer
zu spüren war. Leider wurde auch hier die Begegnung mit dem
Tod in den Straßen marktschreierisch für ein paar Dinar angeprie-
sen. Postkarten, Fotos von den Verbrennungs-Ghats oder eine Führung direkt bis zu den Angehörigen. Ich kann mir nicht vorstellen,
dass dies erwünscht ist. Auch hier machte sich in vieler Hinsicht
die Pietätlosigkeit breit.

Der nächste Tag war geprägt von Tempelbesichtigungen und
dem Besuch einer Seidenmanufaktur. Durch das Kennenlernen eines klassischen Indienrestaurants und den Geburtstag von Tina

wurde der letzte gemeinsame Abend zu einem krönenden Abschluss. Letztendlich waren wir, glaube ich, alle ein wenig erleichtert, dass am nächsten Tag der Rückflug nach Neu-Delhi anstand.

Einige von uns flogen wieder nach Hause, da der Urlaub vorbei war, andere hatten noch eine weitere Rundreise durch den Süden Indiens gebucht. Und für mich ging es am nächsten Tag schon weiter mit dem Flieger nach Goa. In diesen zwei Wochen hatte ich so viele liebe Menschen um mich und fühlte mich so wohl mit ihnen, dass mir der Abschied nicht leichtfiel. Aber ich denke, so wird es mir in diesem Jahr noch einige Male ergehen. Trotzdem würde mir die schroffe, aber herzliche Art meiner Zimmermitbewohnerin Janice aus Schottland fehlen. Ihr Tag begann und endete immer mit einem herzhaften: „Fuck off!" Dann war da noch die lustige, unkomplizierte Susan aus Australien, die mich zu sich nach Perth eingeladen hatte, die liebenswerte Tina mit ihrem nicht weniger liebenswerten Freund Olav oder Rebecca, die Engländerin, die mich mit ihrem charmant britischen Humor so oft zum Lachen gebracht hatte. Auch all die anderen, wir waren eine richtig coole Truppe und dass alles so reibungslos funktionierte, hatten wir unserem sehr fähigen Tourguide Raj zu verdanken. Namaste!

In den Straßen von Neu Delhi

Vorfreude im Bollywood-Kino

Unsere Gruppe bei der Essenzubereitung für die Ärmsten der Armen…

…und vor dem Taj Mahal

Indien – Goa

Nun war ich in Goa gelandet. Ein von mir reservierter Taxifahrer erwartete mich bereits und wir fuhren gut zwei Stunden zu meinem Gästehaus, das direkt am bekannten Palolem Beach lag. Wenn es so etwas wie eine touristische Partymeile in Indien gibt, dann ist sie hier. Ein Restaurant reiht sich an das nächste, dazwischen kleine Shops mit Souvenir- und Strandartikeln. Im ersten Moment war ich ganz erleichtert, viele junge Leute, auch Familien, das konnte nicht langweilig werden. Mein Zimmer war groß und sauber, mit eigenem Bad und kleiner Kochnische. Gleich am nächsten Morgen machte ich mich auf zum Strand, der keine 500 Meter entfernt lag. Der Weg dorthin war zu beiden Seiten gesäumt mit kleinen Shops, Cafés und Kühen.

Der Strand selbst lag in einer lang gezogenen Bucht mit feinem weißem Sand und wurde begrenzt durch eine ausladende Palmenallee. Kleine bunte Boote lagen in Reih und Glied in dieser Bucht und warteten darauf, zu den verschiedenen Strandabschnitten, die es in unmittelbarer Nähe gab, fahren zu dürfen. Ich war richtig verblüfft, inzwischen war ich in diesem Land doch auf einiges gefasst gewesen, wurde diesmal zu meiner Freude aber eines Besseren belehrt. Es war ein richtiges Postkartenidyll.

Schattenplätze sind dort sehr rar gesät, darum ging ich die nächsten Tage immer relativ früh zum Meer, denn dann konnte ich noch einen Platz unter einer Palme ergattern. Ab Mittag war es für mich fast nicht mehr machbar, denn ich gehöre mehr zu den schattigen Sonnenanbetern. Als jedoch am dritten Tag einer jungen Frau neben mir eine Kokosnuss auf den Oberschenkel prahlte, musste der Liegeplatz noch sorgfältiger ausgewählt werden. Von einer

Kokosnuss erschlagen, nein, so wollte ich meine Reise nicht beenden!

So verbrachte ich meine Tage hier in entspannter Gleichförmigkeit.

Als Erstes erstellte ich mir einen eigenen Trainingsplan. Schließlich hatte ich mein Elastikband von daheim mitgenommen, damit ich jeden Morgen meinen Körper auf Vordermann bringen konnte. Wenn ich schon ein Jahr Auszeit genommen hatte, dann wollte ich es auch für meine körperliche Fitness nutzen. Außerdem baute ich noch einige Dehnungsübungen mit ein. „Dieser Schneidersitz wird doch zu machen sein", dachte ich mir. Wenigstens fünfmal die Woche wollte ich mir diese Disziplin auferlegen, gemäß dem Motto: Wer rastet, der rostet!

Nach getaner Arbeit genoss ich in meinem Zimmer zum Frühstück stets einen leckeren Fruchtsalat, den ich mir selbst zubereitete. Frische Wasser- und Honigmelonen, Bananen, Drachenfrucht, Papayas und Mangos, süße! Zitronen und natürlich Ananas. Dazu eine Kanne Instantkaffee, voilà, und der Tag konnte beginnen.

Nach zwei, drei Stunden Strand gönnte ich mir in einem Café einen kalten Kaffee und ein Stück Apfel- oder Käsekuchen. Ich konnte mein Glück am Anfang gar nicht fassen, da gab es richtig guten Kuchen, schmeckte fast wie daheim. Manche Dinge sind einfach nicht zu ersetzen. Zuerst dachte ich: „Du fliegst doch nicht um die ganze Welt, um dann doch wieder das heimisch Vertraute zu genießen ..." Aber ehrlich gesagt, warum nicht? Wenn man mit einem kleinen Stückchen Kuchen glücklich ist, dann ist es doch ganz egal, wo er gegessen wird.

Und so hielt ich es auch mit der Pizzeria, die ich einige Tage später entdeckte, denn dort gab es sogar italienischen Rotwein.

Vielleicht lag es auch daran: So idyllisch dieser Strandabschnitt und das kleine Dörfchen auch waren, ich fühlte mich doch sehr allein. Es gab viele Grüppchen von jungen, flippigen Leuten, die sich schon am Vormittag einen Joint am Strand genehmigten. Auch junge Pärchen und Familien mit Kindern, aber Anschluss fand ich nur ein wenig bei den Einheimischen, den Kellnern und Verkäufern. Ein bisschen Smalltalk hier, ein wenig Smalltalk da, mehr war an Kontakt nicht zu kriegen. Um es kurz zu machen: Mir fehlte meine Reisegruppe.

Eigentlich hatte ich ja vor, für ein paar Tage in Thailand in ein Schweigekloster zu gehen, aber wenn ich das so betrachtete, hatte sich diese Auszeit schon in Goa erledigt.

Einmal lernte ich in einer Strandbar einen Deutschen kennen. Er war klein, dick, witzig, um die 40, Alkoholiker und dem männlichen Geschlecht zugetan. Vom Nebentisch aus sprach er mich an, ob ich ein Zimmer bräuchte. Er würde hier auf Goa einige Monate leben und seine Frührente, die er von Deutschland aus bezog, verpulvern. Gut, 800 € lassen sich sehr schnell verpulvern, sogar hier in diesem günstigen Land, vor allem wenn man dem Alkohol so sehr zugetan ist wie er. Nichtsdestotrotz hatte ich mit ihm einen sehr lustigen Nachmittag, wir ließen uns vom Kellner die Bayernhymne auflegen und nachdem ich das zweite Bier intus hatte, ließ ich mich nicht davon abbringen, ihm den Foxtrott beibringen zu wollen (allerdings nicht zur Bayernhymne). Die Führung übernahm ich, denn ich hatte selten jemanden so unrhythmisch tanzen gesehen. Danach habe ich mich nicht mehr in diesem Lokal blicken lassen, denn in Indien wird nur in Bollywoodfilmen getanzt oder nachts bei den zwielichtigen Partys der Goa-Insider. Und das ist dann weniger tanzen, als das Wegdriften in andere, erweiterte Sphären. Und immer leicht angetüdelt den Nachmittag in Bars verbringen, so wollte ich meine weiteren Tage hier nicht vergeuden.

Also überstand ich die folgende Zeit mit Gymnastik, Yogaübungen, Strand- und Cafébesuchen. Und schon war es Zeit, wieder die Koffer zu packen für das nächste Abenteuer in Bangkok.

Die Strände von Goa als Postkartenidyll. Allerdings ab mittags war es ohne Schatten unerträglich heiß, um sich zu sonnen. Als Alternative ein kühles Bier im Schatten.

Der Strand ist für alle da: Kinder, Kühe, halbnackte Freaks und strengmuslimische Gläubige, die sich mit Hemd, Hose oder mit Burka bekleidet im Meer erfrischen.

Thailand – Bangkok

Schon als der Taxifahrer mich durch die Stadt ins Hotel fuhr, hatte ich mich in dieses Land verliebt. Ich könnte noch nicht einmal beschreiben, warum ich so empfand.

Schon im Flugzeug musste ich lächeln, als ich hinabsah: die Häuser in Reih und Glied, wie mit dem Lineal gezogen. Hochhäuser, zu Dutzenden nebeneinanderstehend, eins glich wie ein Ei dem anderen. Da gab es kein Durcheinander, alles hatte System. Die einzelnen Häuser in den Reihen unterschieden sich letztendlich nur in der Fassadenfarbe.

Nun muss ich dazu sagen, ich mag so was. Auch wenn mich manche meiner Freunde für chaotisch halten, in meinem tiefsten Inneren bin ich ein Pedant. Für manche ist das vielleicht langweilig, aber wenn ich eine Fläche sehe, mit sauber geordneten Stiften, das Papier genau im Abstand zur Tischkante, alles übersichtlich und gradlinig, das ist eine Wohltat für mein Innerstes. Mag sein, dass mir solche Dinge einen Halt geben, schließlich ist mein Leben alles andere als gradlinig und geordnet. In einem Feng-Shui-Buch habe ich mal gelesen, leere Flächen beruhigen das Auge und fördern das innere Gleichgewicht. Ich denke, so unrecht haben diese Berater in diesem Falle nicht. Überhaupt ist das Thema Feng Shui sehr interessant, gehört aber jetzt leider nicht zu meiner Geschichte.

Der erste Tag in Bangkok war schon mal mit viel Aufregungen verbunden. Nachdem ich mich in einem schönen, freundlichen Hotel häuslich niedergelassen hatte, erkundete ich die Gegend.

Schließlich ging es schon dem Abend zu und das thailändische Streetfood ist für seine vielseitigen und schmackhaften Gerichte weltbekannt. Eigentlich ging ich rein gefühlsmäßig in eine bestimmte Richtung, ohne mir allzu viele Gedanken zu machen, wohin der Weg mich führte. Da hörte ich schon von Weitem Stimmen, vermischt mit dem Rufen der Straßenhändler, die ihre Speisen feilboten. Immer mehr Menschen zog es in diese Straße, der ich nun auch gezielt folgte. Ein buntes Treiben bot sich mir, Thailänder, die Essen kauften oder verkauften, Souvenirs anboten oder einen in eines der vielen Restaurants locken wollten, die in Dutzenden zu beiden Seiten dieser Seitenstraße standen. Rucksacktouristen, einheimische Familien, aber auch Pärchen aller Nationen, die Hand in Hand oder in Gruppen langsam an den Ständen vorbeischlenderten. Ein buntes Allerlei von Menschen, Speisen, aromatischen Gerüchen und Musik, Gelächter und Marktgeschrei.

Aufmerksam wurde ich auf eine kleine Gruppe Menschen, die sich um einen Stand versammelt hatten, um zu fotografieren. Sofort ging ich hin, meine Kamera zückend, in der Hoffnung ein spannendes Bild zu schießen. Da sah ich schon das Motiv … ein Krokodil, durch dessen Maul ein Metallrohr eingeführt worden war, das am Hinterteil wieder herauskam. Dieses war an beiden Seiten aufgehängt, sodass das Tier in der Luft hing. Eigentlich war nur noch der Kopf vollständig, der Körper wurde sorgfältig von einem thailändischen Koch ausgenommen. Er schnitt mit einem kleinen Messerchen Stück für Stück ab und gab es seiner Kollegin, die am Grill stand. Diese spießte diese Stückchen auf Schaschlikhölzchen und grillte sie an Ort und Stelle. Der Kopf des Krokodils schien zu lachen, wie es da hing mit weit aufgerissenem Maul, stolz erhobenen Hauptes und seine Zähne fletschend. Die Füße waren nur noch Knochenstummelchen und die Wirbelsäule war freigelegt, wie von Chirurgenhänden bearbeitet. Davor stand eine kleine Plastikdose mit der Aufschrift: „Please tip for photo!" Begeistert schoss ich einige Bilder mit dem Gedanken, sie sofort den

Kindern zu schicken. Mein ältester Sohn würde sich ärgern, er ist für kulinarische Neuheiten sehr schnell zu begeistern.

Nachdem ich ein paar Baht als Trinkgeld eingeworfen hatte, wendete ich mich ab, um den Markt weiter zu erkunden. In dem Moment hielt mir ein Thailänder ein Tablett unter die Nase. Ein Schrei!

Mag sein, dass ich etwas überreagiert habe, aber wenn jemand mir eine Reihe gerösteter Vogelspinnen, Skorpione und Kakerlaken unter die Nase hält – mir, die unter einer manischen Spinnenphobie leidet, dann ist diese Reaktion nur allzu verständlich. Nicht so bei diesem „Gourmetkoch". Laut schimpfend rief er mir hinterher. Anscheinend war ich für ihn Negativwerbung, sei's drum! Ich war in diesem Augenblick froh, dass ich kein Thailändisch verstand, aber der Schreck saß mir noch tief in den Gliedern. Einige Leute amüsierten sich darüber, aber der Großteil ging weiter, schließlich gab es Wichtigeres zu bestaunen als eine hysterische Deutsche.

Nun muss ich dazu sagen, dass meine größte Befürchtung bei dieser Reise war, auf Spinnen zu treffen. Ich gehe in keinen Raum, ohne die Deckenecken abzuchecken, fasse keine Treppengeländer an, streife durch kein unwegsames Gelände, immer auf der Hut, keinem dieser ekelhaften Krabbeltiere zu begegnen. Und dann hält sie mir so ein Depp mitten im Touristendschungel auch noch unter die Nase. Also ich war bedient!

Nachdem ich mich von diesem Grauen erholt hatte, was jeder, der unter so einer Phobie leidet, verstehen kann, ging ich mit äußerster Vorsicht weiter, immer darauf bedacht, dass mir dieses Dilemma nicht noch mal passiert. Und siehe da, das war kein Einzelfall! Es gab Stände mit gegrillten Riesentausendfüßlern, Riesengrillen, aufgespießten Maden aller Art und Spinnen, Spinnen, Spinnen! „Die spinnen, diese Thais", dachte ich mir. So viel Eiweiß kann dieses ganze Zeug gar nicht haben, dass jemand so etwas freiwillig isst. Nun beobachtete ich, ob dieses Getier überhaupt zum Essen verkauft wurde oder ob es nur dazu gedacht war, harmlose Urlauber zu erschrecken. Aber tatsächlich, es gab den ein oder anderen Touristen, der sich zur Belustigung seiner Begleitung so ein Viech kaufte und vorsichtig begann, erst ein Füßchen und dann den Rest aufzuknuspern. Dazu nickte er mit Kennerblick vielsagend, wie einzigartig dieses Geschmackserlebnis doch wäre. Vielleicht hätte ich es geglaubt, hätte ich nicht in diesem Moment in das Gesicht des Verkäufers geblickt. Mit einem hämischen Grinsen, das nichts anderes sagte als: „Den Touristen kann man jeden Blödsinn verkaufen, die schlucken alles!" Nie habe ich auch nur ein einziges Mal einen Thailänder so etwas Abnormales essen gesehen und ich war dann doch öfter in dieser Straße, um das festzustellen.

Denn dort gab es noch viel mehr zu entdecken. Jedes dritte Haus war ein Massagesalon. Durch die großen Scheiben konnte man die vielen aufgereihten Liegen sehen, auf denen es sich Männer, Frauen und sogar Kinder bequem gemacht hatten und die von einer geschulten Masseurin an den Füßen, am Nacken oder am Rücken bearbeitet wurden. Aber es gab auch Liegen im Außenbereich, für jeden war das Passende dabei. Eine Fußmassage gönnte ich mir. Zuerst führte mich eine nette junge Frau in den Salon, da außen alles belegt war. Danach wurden die Zehen und die Sohle mit einem feuchten, warmen Tuch gesäubert. Ich bekam eine Decke, denn im Inneren der Gebäude war es durch die Klimaanlagen immer recht kühl. Die Massage dauerte 60 Minuten. Sie wechselte zwischen Druck- und Streichtechniken, nahm auch die Wadenmuskulatur in Angriff und zum Abschluss wurde noch kräftig mein Nacken bearbeitet. Alles war danach entspannt und locker. Es war fantastisch. Auf jeden Fall wollte ich das wiederholen.

Später schlenderte ich weiter, immer mit einem Auge nach diversen touristischen Anomalien Ausschau haltend. Sobald dann wieder mit einem Tablett in meine Richtung gezeigt wurde, hob ich abwehrend die Hände und verzog angewidert das Gesicht. Nachdem ich so das zweite Mal die Straße hinauf- und hinunter-gegangen war, wussten sie schon: Mit der komischen Frau da ist kein Geld zu verdienen!

Zwischen Restaurants, Straßenständen, Massagesalons und Hostels lagen Pubs, die mit lauter Musik und Happy-Hour-Ange-boten das zahlungswillige Publikum anlocken wollten. Junge Mädchen saßen an kleinen Tischchen mit ihren Cocktails und schossen Selfies von sich für Instagram, Facebook etc. Es war eine lockere, heitere Atmosphäre, ich gönnte mir ein Bier, beobachtete das Treiben und fühlte mich wohl und entspannt.

Seit ich als Jugendliche das erste Mal verreist bin, habe ich in all den Jahren so viel Touren, Urlaube und Ausflüge allein ge-macht. Ich kann nicht behaupten, dass ich mich oft einsam gefühlt hätte. Jedoch waren auch Reisen mit Mann und Kindern, mit Freunden oder Freundinnen dazwischen gewesen. Und ich hätte in diesem Moment gern jemanden dabeigehabt, mit dem ich diese schönen Augenblicke hätte teilen können.

Bangkok ist so vielseitig, es gibt unzählige Tempel zu bestau-nen, Ausflüge nach Chinatown, Fahrten mit Kanalbooten, den Klongs, Schwimmende Märkte und vieles mehr. Aber manchmal sind es nur Kleinigkeiten, die ich gern mit jemandem erlebt hätte. Ich weiß genau, was meinen Kindern gefallen hätte oder wie viel Spaß ich mit einer Freundin an manchen Tagen gehabt hätte. (Habe ich schon erwähnt, dass man in Bangkok wunderbar shoppen ge-hen kann?)

Andererseits lernte ich durch das Alleinreisen so viele interes-sante Leute kennen, ob am Flughafen, bei einer Sightseeingtour oder einfach nur auf der Straße. Es gab so viele unvorhersehbare Momente, die mich forderten, staunen ließen oder glücklich mach-ten. Auch dies ist eine Seite des Reisens, die nicht geplant werden kann und die einem die Tage bereichert.

Nachdem ich die erste Woche in einem schönen Hotel im touristischen Zentrum gewohnt hatte, zog ich in eine kleine Wohnung außerhalb des Stadtkerns. Sie war billig, sauber, hatte eine kleine Küche und man konnte in diesem Hochhaus den Swimmingpool und das Fitnessstudio mitbenutzen. Andererseits sprach dort niemand Englisch. Was nicht weiter schlimm war, denn mit einem Fingerzeig konnte ich mich sehr gut verständigen. Eine U-Bahn-Station war ganz in der Nähe und so konnte ich meine Tagesplanungen von zu Hause aus steuern. Mir gefiel es in dieser Stadt, die Leute waren alle sehr zugänglich, das Leben war billig, das Essen sehr gut.

Jetzt war ich seit ungefähr sechs Wochen von Arbeit und Familie weg und noch immer hatte ich diese innere Unruhe in mir. Es ist eine andere Art des Reisens, wenn man sich ein Jahr Auszeit nimmt, als wenn man seinen zweiwöchigen Jahresurlaub antritt. Immer noch hatte ich im Hinterkopf, diese Sehenswürdigkeit noch mitzunehmen und jene Attraktion noch wahrzunehmen. Aber das war im Grunde gar nicht wichtig. Viel eher ging es darum, den Alltag in diesem Land zu erleben und die Gebräuche, die für uns oft befremdlich sind, anzunehmen. Ein bisschen unter die touristische Oberfläche zu blicken gelingt nur, wenn nicht jeder Tag mit Trips und Touren verplant wird. Es wäre auch gar nicht möglich gewesen, da diese Ausflüge eine zu große finanzielle Lücke in meinem Budget hinterlassen hätten. Schließlich musste ich mit meinen Finanzen haushalten, denn Asien ist günstig und die teuren Länder wie China, Australien und Amerika lagen noch vor mir.

Und so bastelte ich mir mal wieder eine gewisse Tagesroutine zusammen. Es gab einen Trainingsplan für meine körperliche Fitness, einen Einkaufsplan, Stunden, in denen ich an meinem Laptop meine Erlebnisse und Gedanken niederschrieb, und natürlich auch meine Planungen, die Stadt weiter zu erkunden.

Mit einer Metrocard hatte ich die Auswahl, weiter weg gelegene, wenn auch nicht alle interessanten Gegenden zu besichtigen.

Etliche idyllische und aufwendig gestaltete Parks, gigantische Shoppingmalls und das ein oder andere sehenswerte Bauwerk konnte ich aber dadurch auch kostenfrei bestaunen.

An einem dieser Tage fuhr ich mit der Metro bis zum Chao-Phaya-Fluss. Noch in der Station wurde mir klar, dass der Königspalast nicht weit sein konnte. Weiß-golden geschmückte Säulen und rot-golden verzierte Kassettendecken schmückten die Eingangshalle der U-Bahn-Station. Das Geländer hatte goldene Knäufe und die Wände waren aufwendig mit weißen Vertäfelungen versehen. Sobald ich die Halle verließ, stand ich schon vor dem Tempel des Liegenden Buddha, dem Wat Po. Das ist eine buddhistische Tempelanlage aus dem 17. Jahrhundert, kunstvoll und aufwendig gestaltet. In seinem Innersten gibt es unter anderem eine sitzende Buddhastatue im Ayutthaya-Stil, in deren Sockel die sterblichen Überreste von König Rama I. beigesetzt wurden. Die Hauptattraktion allerdings war eine 46 Meter lange und 15 Meter hohe liegende Buddhastatue aus Gold. An ihren Fußsohlen sind bezaubernde filigrane Perlmutteinlegearbeiten zu bewundern.

Für die Besichtigung dieses Anwesens hatte ich den halben Tag benötigt, so überwältigend und künstlerisch ansprechend waren die vielen Gebäude, Statuen und Arrangements, die sich in ihrem Inneren befanden. Als sich die Sonne langsam dem Abend zuneigte, bemerkten ich eine Anordnung thailändischer Soldaten, die sich in einem abgegrenzten Bereich formierten. Das Militär hielt die Besucher davon ab, näher zu treten oder sogar zu fotografieren. Anscheinend fand dort noch eine Parade statt, so festlich waren die jungen Männer in ihren schmucken Uniformen gekleidet. Es gab englische Gardeuniformen mit roter Jacke und goldenen Knöpfen, schwarzer Hose und der typischen schwarzen Bärenfellmütze. Daneben ordneten sich die thailändischen Soldaten ein in rot-weiß-blauen Uniformjacken, einer Art Haremshose und mit goldenen! Maschinengewehren.

Gold scheint überhaupt eine Lieblingsfarbe der Thailänder zu sein.

Das Publikum wurde zum Ausgang geleitet und so standen wir dann alle etwas abseits auf der Straße und beobachteten das Geschehen. Mittlerweile hatte sich auch herumgesprochen, warum dieser Aufwand betrieben wurde. Da in den nächsten Tagen die Einäscherung des alten Königs stattfinden würde, reiste an diesem Tag das aktuelle Staatsoberhaupt an. Na, so ein Zufall! Als ich meine Heimat Garmisch-Partenkirchen vor sieben Wochen verlassen hatte, weilte dort dieser König an seinem Zweit- (oder Dritt-, Viert-, Fünft-)Wohnsitz. Wie klein doch die Welt ist ...

Nun gut, ich hatte Zeit, also wollte ich mir die Ankunft nicht entgehen lassen. So stand ich im Außenbereich mit einer kleinen Menschengruppe zusammen und wir warteten auf die Ankunft des Königs. Mittlerweile hatte sich eine Doppelreihe der englisch bekleideten Soldaten vor den Pforten des Großen Palasts eingefunden. Dieser Eingang grenzt gleich an die Tempelanlage und so hatten wir einen wunderbaren Aussichtsplatz, auch wenn das Fotografieren strengstens verboten war.

Als kurze Zeit später einige Polizeimotorräder die Straße gänzlich absperrten, damit auch niemand in die Nähe des Eingangs kam, die Soldaten strammstanden und eine Militärkapelle zu spielen anfing, wussten wir, jetzt ist es so weit.

Ein goldfarbener Bentley fuhr langsam vor, eine Reihe von gelb bekleideten Bediensteten mit Sonnenschirmen öffnete die Tür und einige Männer, anscheinend auch der Sohn des Oberhauptes, stiegen aus und flugs waren sie durch das Haupttor verschwunden. Kein Winken, keine Abordnung oder ein Empfangskomitee, das ehrerbietend ihren König empfangen hätte. Nach zehn Sekunden war alles vorbei. Nun denn, aber unsere kleine Runde hatte ihn gesehen.

Später las ich auf einer deutschen Onlineseite, dass er seine Geliebte Maha, nach nur drei Monaten zur offiziellen Zweitfrau befördert, wieder degradiert hatte, da sie gegen seinen Willen verstoßen und illoyal gegenüber der Monarchie gewesen sein soll. Überhaupt darf man sich in Thailand nicht erlauben, auch nur ansatzweise über den König zu lästern oder abwertend zu reden. Soweit zur freien Meinungsäußerung in diesem Land.

Ganz in der Nähe meiner Wohnung gab es eine Art Restaurant. Dort wurde ich abwechselnd von drei Erwachsenen bedient. Allerdings wuselten dort Dutzende von Kindern und Jugendlichen herum. Sie putzten die Tische, brachten die Bestellungen oder verstauten das fertige Essen in Tüten, das von einer Art Fahrdienst auch von dort abgeholt wurde. Es gab drei Küchen. Ich konnte dabei zusehen, wie in einer enormen Geschwindigkeit gekocht, gebraten und gebrutzelt wurde. Überhaupt wurde in diesem Lokal alles im Laufschritt gemacht. Anfangs dachte ich, ich müsste genauso schnell essen, damit der Nächste meinen Platz bekam. Aber beim Beobachten der anderen Gäste bemerkte ich, dass dort in einer Seelenruhe gespeist und getrunken wurde. Die Leute unterhielten sich und waren sichtlich entspannt. Also gut, einen Gang zurückschalten und langsam essen.

Es ging beim Personal sehr diszipliniert zu, fast schon wie in einer Kaserne. Hatten die Jungen einen Moment nichts zu tun, standen sie alle in Reih und Glied neben den Tischen, die Hände hinter dem Rücken verschränkt und warteten auf Anweisungen. Nach den Aufschriften der Küchenschürzen zu urteilen, handelte es sich um irgendeine Organisation. Vielleicht aber war es auch eine Auffangstation für Jugendliche. Leider konnte ich es nicht in Erfahrung bringen.

Doch das Essen war gut und auch sehr günstig, darum machte ich es mir zur Gewohnheit, dort abends zu essen. Schon beim zweiten Mal wusste der Kellner meines Vertrauens, dass ich gern ein großes Bier hätte und auf jeden Fall ohne Eiswürfel! Es war bestimmt nichts Außergewöhnliches, dass er sich an mich erinnerte, denn ich habe dort nie einen anderen Europäer essen sehen.

Die Speisekarte war in Thailändisch, also bestellte ich immer nach den Bildern. Einmal blickte mich der Kellner ein wenig fragend an und murmelte etwas von „Salad", was für mich natürlich vollkommen in Ordnung zu sein schien. Als dann der sogenannte Salat kam, bestand er aus viel Zwiebeln, Chili, ein wenig Grünzeug und Fisch mit Gräten! Diese waren allerdings so lange frittiert worden, bis sie knusprig waren, sodass sie ohne Weiteres gegessen werden konnten. Es schmeckte richtig gut, bis auf die Schärfe ... Gut, dass ich ein großes Bier bestellt hatte. Und schließlich war ich unter anderem auch nicht auf Reisen gegangen, um Schweinsbraten oder Spaghetti zu essen.

Überhaupt merkte ich recht bald, das wichtigste Kommunikationsmittel in diesem Land ist ein Lächeln. Dabei spielte es keine Rolle, ob ich mir ein Zugticket kaufen, etwas zu essen bestellen oder auch nur nach der nächsten Toilette fragen wollte. Hast du ein freundliches Gesicht, dann bekommst du auch Freundlichkeit zurück. Und der Rest fügt sich von ganz allein.

Bei meinen vielen Spaziergängen kam ich einmal an einem Reisebüro vorbei, in dessen Schaufenstern sehr ansprechend für einen Halbtagesausflug geworben wurde. Der Preis war überschaubar und so buchte ich mir diese Sehenswürdigkeit.
Sehr früh am Morgen wurde ich von einem Bus abgeholt und danach ging es zwei Stunden lang ins benachbarte Damnoen Sakuak mit seinem berühmten Schwimmenden Markt und anschließend zum Maeklong-Zugmarkt. Diese sogenannten Floating Markets finden sich überall in Bangkok, an diesem Ort ist er jedoch besonders idyllisch gelegen.

Als wir an der Anlegestelle der Boote ankamen, gab es für die gesamte Reisegruppe von ca. 20 Personen ein Obstfrühstück mit frischen Litschis, Ananas, Melone und reichlich Kaffee. Ich hatte mich ein wenig mit einer südamerikanischen jungen Frau angefreundet, denn inzwischen klappte mein Englisch soweit ganz gut. Ihr Ehemann trottete recht schweigsam nebenher und so teilten wir uns mit zwei australischen Mädchen ein Boot. Eigentlich war es eher ein alter Holzkahn mit einem laut tuckernden Motor, der von einem älteren Thailänder gesteuert wurde. Wir fuhren langsam durch eine Art Kanallabyrinth, an dessen Seiten links und rechts offene Verkaufsbuden standen, und die Verkäufer priesen lautstark ihre Waren an. Bei Interesse bedeutete man dem Fahrer anzuhalten, begutachtete die Auslagen und ließ sich bei Bedarf den Preis nennen. Es gab alles, sogar ganze Galerien, die ihre Bilder anboten, Souvenirs, Kleidung, Haushaltsgegenstände und vieles mehr. Später kamen kleine Boote hinzu, deren Steuermann oder -frau Essen, Getränke oder Eis verkaufte. Je weiter wir ins Innere der Kanäle kamen, umso mehr nahm der Verkehr zu. Boote mit Urlaubern, aber auch Einheimische kamen einem entgegen, geschäftig gestikulierend, lachend oder auch nur entspannt zurückgelehnt durch die Gegend schaukelnd. Gekauft habe ich nichts, schließlich will ich bei einem Shoppingbummel nicht eine ganze Meute fremder Menschen dabeihaben, die mich beim Feilschen beobachtet. Aber Spaß gemacht hat diese Bootsfahrt auf jeden Fall.

Richtig spannend dagegen war der Markt auf den Eisenbahnschienen. Ich hatte das vor Jahren mal im Fernsehen gesehen und eigentlich nicht so recht geglaubt. Dort fand täglich der Maeklong-Eisenbahnmarkt statt.

Mitten in der Stadt verlief eine Eisenbahnstrecke. Links und rechts der Gleise priesen die Leute ihre Waren an. Es waren kleinere Geschäfte mit vorwiegend Lebensmitteln. Obststände, Gemüseauslagen, aber auch Fisch- und Fleischhändler präsentierten sorgsam aufgereiht ihre Produkte. Der typische Geruch von Thailand machte sich auch hier bemerkbar. Ich persönlich finde, dass auch Länder einen Geruchsschwerpunkt haben. Der Duft von Gebratenem, Fisch, Kokos, aber vor allem der Durianfrucht ist so eine typische Duftnote von hier. Durch die hohe Luftfeuchtigkeit und auch den Smog fällt es allerdings doch schwer, tiefer einzuatmen.

Wenn man wie ich auf dem Land geboren ist und später in den Bergen gelebt hat, schätzt man in diesen Momenten den gesunden und frischen Sauerstoff umso mehr.

Anfangs hatte es mich richtig gegraust, wenn ich die aufgeschnittenen Durians nur von Weitem sah. Meistens roch ich sie eh schon, bevor sie in mein Blickfeld kamen. Ich würde den Geruch bezeichnen als Erbrochenes mit einer faulig-fruchtigen Kopfnote. Inzwischen ist sie mir bei Weitem nicht mehr so unangenehm. Ich denke, es liegt daran, dass ich dieses Land und auch die Leute sehr liebgewonnen habe. Und da auch dieser spezielle „Duft" zu diesem Land gehört, schließe ich ihn in meine Vorlieben mit ein.

Natürlich hatte ich auch einen Versuch gewagt, mir diese Frucht, mit Joghurt aufgepeppt, einmal zu genehmigen. Zu ihrer Verteidigung muss ich sagen, sie schmeckt wesentlich besser, als sie riecht. Allerdings musste ich mir die Nase zuhalten, was das Geschmackserlebnis ein wenig getrübt hat. Das war dennoch völlig unnötig, denn sogar nach mehrmaligem Zähneputzen hatte ich Stunden später immer noch das eigenwillige Aroma auf der Zunge. Es wird definitiv nicht meine Lieblingsfrucht werden!

Die Auslagen der Verkäufer reichten von beiden Seiten bis auf die Gleise. Dazwischen immer wieder mal ein kleines Café mit Sitzgelegenheiten, das auch Erfrischungsgetränke und kleine Snacks verkaufte. Das Publikum selbst ging auf den Gleisen und konnte die Auslagen begutachten. Viele Einheimische schienen ihren Einkauf hier zu erledigen, die Preise waren moderat und die

Auswahl enorm. Alle Stände waren mit einer dicken Plane über-dacht, die bis weit in die Schienenstraße reichte und Geschäften wie Käufern sowohl als Sonnen- als auch als Regenschutz diente. Unvorstellbar, wie sich hier ein Zug durchquetschen sollte.

An einem kleinen, idyllischen Café machte ich Halt, da sich dort ein paar Sitzgelegenheiten boten, und gönnte mir einen Ko-kosnusssaft frisch aus der Nuss. Von dort konnte ich in Ruhe das Treiben der vielen Touristen beobachten, die filmten und ihre Sel-fies schossen. Langsam bemerkte ich jedoch bei den Urlaubern eine gewisse Unruhe. Das lag bestimmt an dem noch weit entfern-ten Tönen einer Lokomotivhupe. Tuuuut … dröhnte es noch sehr dumpf und leise. Tuuut … Schon ein klein wenig lauter und so ging es weiter. Bei den Marktbetreibern war anfangs noch kein In-teresse zu spüren, doch nach einigen wiederholten Warnsignalen begannen sie, langsam ihre Ware ein wenig zurückzuschieben, die Stühle der Cafés wurden von den Gleisen weggebracht und auch ich musste meinen schönen Sitzplatz aufgeben. Tuuut … Nun war das Hupen nicht mehr zu überhören. Menschen mit Handys und Kameras im Anschlag standen an den Gleisen, was jedoch unsin-nig war, man konnte durch die Planen eh nichts sehen. Tuuut … Das Geräusch war jetzt schon mächtig angeschwollen, es konnte sich nur noch um Sekunden handeln.

Und da … ganz hinten sah ich, wie die Planen zurückgenom-men wurden und sich ganz langsam ein riesiger rot-gelb-grüner Zug eine Schneise durch die Menschen bahnte. Er tastete sich knapp an uns vorbei, einige der Passagiere sahen heraus und foto-grafierten uns. Wir sahen hinauf, winkten und machten unserer-seits Fotos oder kleine Videofilme. Er war gigantisch hoch, aller-dings nicht übermäßig lang. Und genauso überraschend wie es auf-getaucht war, verschwand das Ungetüm wieder in der Menge. Hin-ter ihm wurden in Windeseile die Planen wieder ausgefahren, Fleisch, Fisch, Gemüse und andere Verkaufsutensilien wieder aus-gebreitet und die Stühle aufgestellt. Als wenn nie etwas gewesen wäre. Alles ging wieder seinen gewohnten Gang, kein Wunder, dass hier diese Routine herrschte, schließlich kam der Zug im Halbstundenrhythmus. Da durfte keine Sekunde verschwendet werden und jeder Handgriff musste sitzen.

Es darf anscheinend im Leben einige Unannehmlichkeiten und komplizierte Verhaltensweisen geben, aber wenn man sich darauf einlässt, kann man sich mit vielen Dingen arrangieren. Der Vorteil: Durch diese etwas unbequeme Verkaufsstrategie werden viele Schaulustige angelockt, die auf diesem Markt einkaufen, das ein oder andere Souvenir mitnehmen oder auch nur wie ich dort sitzen, um etwas zu verköstigen. Um es so zu sagen: Egal wie unsinnig vieles ist, sei einzigartig, und du bekommst die Aufmerksamkeit.

So, und nun hatte es mich doch erwischt! Ich hatte mir den Magen verdorben. Eine gute Freundin meiner Tochter hatte einige Tage Urlaub in Bangkok gemacht und wir hatten uns an einem Tag verabredet. Da sie Chinatown noch nicht kannte, ging unser Ausflug dahin. Das Einzige, was infrage kam, war ein Tintenfischspieß, den eine Chinesin an der Straße feilbot. Da ich außer meinem Frühstück noch nichts gegessen hatte, war ich ganz froh darum, schließlich sah es auch sehr appetitlich aus. Im Gegensatz zu meiner Begleitung, sie war satt und wollte nichts. Unser Abendessen nahmen wir in einem hübschen kleinen Restaurant ein. Ich konnte mir nicht vorstellen, dass ich von dort meine Magenverstimmung hatte.

Na ja, Lebensmittelvergiftung trifft es eher. Mit Fieber und Schüttelfrost in der Nacht kam mir alles hinten und vorne wieder raus. Sogar die Medikamente, die ich dabeihatte, nützten nur wenig. „Irgendwann wird das Ganze schon wieder aufhören", dachte ich, also deckte ich mich mit Wasser, Bananen und Reis ein und verbrachte die Tage hauptsächlich mit YouTube und Netflix (und der Kloschüssel). Wenn ich daran denke, dass ich diesen Streamingdienst vor meiner Abreise kündigen wollte … jetzt war ich heilfroh darum. Denn nur zu lesen strengte mich mit der Zeit doch zu arg an und da war das schon eine schöne Abwechslung. Und noch dazu ganz ohne schlechtes Gewissen.

Allerdings ging meine Reise weiter nach Chiang Mai und zwar mit dem Night Train. Aus lauter Angst, es könnte etwas in die Hose gehen (und das ist kein Wortspiel), aß ich den ganzen Tag so gut wie nichts und trank nur Wasser mit Elektrolyten.

Mit dem Nachtwaggon zu fahren hatte ich schon in Indien kennengelernt und deshalb hatte ich eine gewisse Vorstellung, was mich erwarten könnte. Als ich jedoch einstieg, wurde ich sehr zum Positiven überrascht. Schöne rote, geräumige Polstergarnituren, viel Platz, um sein Reisegepäck zu verstauen, an jeder Sitzgelegenheit eine Doppelsteckdose zum Handyaufladen etc. und einen Vorhang, damit jedem seine Privatsphäre erhalten blieb. Es waren auf jeder Seite auch nur zwei Schlafgelegenheiten und nicht drei, wie in Indien. Dort konnte man schon Platzangst bekommen, vor allem, wenn man den „Sandwichplatz" erwischt hatte.

Zu mir hatte sich ein thailändischer Teenager gesellt, der mit seinen Eltern verreiste.

Für mich als Mutter war es doch sehr erfreulich festzustellen, dass Teenager anscheinend weltweit gleich „funktionieren", egal welche Nationalität. Ich brauchte nicht mal die Sprache beherrschen, um zu sehen, dass das ganze Gehabe, die kurzen, mürrischen Antworten, das Augenverdrehen vor lauter „Ihr habt doch keine Ahnung" überall ihre Daseinsberechtigung gefunden hatten. Dafür Kopfhörer in die Ohren, zusammengesunkene bucklige Haltung einnehmen und ins Handy stieren. Woher kam mir das nur so bekannt vor?

Als jedoch der Zeitpunkt zum Abendessen gekommen war, das die Mutter aus lauter gefüllten Plastiktüten entnahm, wurde die Aufmerksamkeit aufs Daddeln schon geringer. Immer wieder ging der Blick zu den Eltern, die abwechselnd Fleisch, Nudeln, Gemüse und Brühe in drei Schüsseln füllten. Ich sah den heißen Dampf der Suppe aufsteigen und fragte mich, wie es möglich war, dass über einige Stunden alles in diesen Tüten die Temperatur bewahren konnte. Und wie köstlich es roch! Aber das wusste ich auch: Wenn es ums Essen geht, sind die meisten Teenager bestechlich.

Nun gut, während sich die Familie gemeinsam an ihr Nachtmahl machte, ließ ich mir mein Bett in der ersten Etage von einem Schaffner bereiten. Er klappte die Liege mit einer doch recht ordentlichen Matratze herunter, bezog sie mit einem Bettlaken, dazu ein Kissen und eine dünne Zudecke, eigentlich mehr ein großes Stück Stoff. Es war richtig gemütlich, ein eigenes privates Reich, geräumig und sauber. Nachdem ich den Vorhang zugezogen hatte, las ich noch ein wenig, bevor ich mir meine Ohrstöpsel und meine Augenmaske aufsetzte und ins Reich der Träume hinüberschaukelte.

„Prost, Mahlzeit" Bei diesem Anblick verging mir im ersten Moment der Appetit auf neue kulinarische Köstlichkeiten. Allerdings hatte ich das Krokodil später doch noch probiert.

Fazit: Kann man probieren, allerdings schmeckt ein Hamburger wesentlich besser!

Bild unten:

Das gehört einfach nur ins Gruselkabinett!

Egal, ob Statuen, Gebäude, Tempel...Gold, soweit das Auge reicht. Es scheint die Lieblingsfarbe der Thailänder zu sein.

Galerien auf den „Floating-markets".

Es gibt dort alles zu kaufen. Von Bekleidung, Haushaltsartikeln bis zu Kunst und Lebensmitteln.

Beste Aussicht von der Zoom Sky Bar in Bangkok. Und die Cocktails waren auch sehr lecker!

Thailand – Chiang Mai

Ich war vom ersten Moment angetan von der Stadt. Kleine, verwinkelte Straßen zweigten von der Hauptverkehrsstraße ab. Ich orientierte mich jedoch in erster Linie nach den Flüssen. Dort bildete der Fluss Mae Nam Ping die Grenze zur Altstadt. Kleine Restaurants, Geschäfte und natürlich Tempelanlagen prägten hauptsächlich das Bild in diesem Bezirk. Allein in Chiang Mai gab es über 200 dieser Prachtgebäude und auch wenn ich schon einige gesehen hatte, war ich jedes Mal wieder fasziniert von dieser Einzigartigkeit zu Ehren der Götter.

Dass sich die Tage des Loy-Krathong-Festivals immer mehr näherten, merkte ich schon allein daran, dass viele Parkanlagen, Geschäfte, Straßen und die buddhistischen Anlagen mit bunten Laternen verziert wurden. Die ganze Atmosphäre war in freudiger Erwartung des Fests, das sich in dieser Gegend über drei Tage erstrecken sollte.

Gern hätte ich mich auch von dieser Vorfreude anstecken lassen, allerdings hatte ich mich ja in Bangkok schon mit etwas anderem angesteckt, und noch immer, sobald ich feste Nahrung oben zu mir nahm, kam sie unten wieder heraus. Dachte ich die erste Zeit noch, mit trockenem Reis und Bananen die Angelegenheit aus der Welt schaffen zu können, so merkte ich bald, dass keine Besserung eintrat. Erst bekam ich nachmittags wieder leichtes Fieber und kurz drauf entledigte sich mein Körper auch jeder Flüssigkeit, die ich trank. Allerdings auf dem gleichen Weg, wie sie hereinkam. Spätestens da sah ich ein, dass der Weg ins Hospital unvermeidlich war, wollte ich meine Reise unbekümmert fortsetzen.

Dort angekommen wurde ich sehr gut betreut, bekam als Erstes eine Infusion, Medikamente für fünf Tage und einige Stunden später wurde ich wieder entlassen. Gleich am nächsten Tagen ging es mir spürbar besser.

Das nächste Mal würde ich nicht zehn Tage warten, denn dadurch ging mir doch einige Zeit in Chiang Mai verloren und es gab dort noch so viel, was ich leider in dieser kurzen Zeit nicht mehr erleben und besichtigen konnte. Ein Grund mehr, mal wieder dort hinzufahren.

Einen Tag im Dschungel bei den Elefanten zu verbringen konnte ich dann doch noch buchen und meine Erwartungen wurden bei Weitem übertroffen. Die Anfahrt dauerte zwar fast drei Stunden, aber zu meiner Freude stellte ich fest, mein Magen war wieder fit, alles im Lot.

Es ging zuerst außerhalb der Stadt Richtung Waldgebiet. Anfangs waren die Straßen noch geteert, doch je weiter wir die Anhöhe hinaufkamen, umso schlechter wurden die Wege. Doch um uns herum grünte und blühte es, wir waren mitten in einer überwältigenden Vegetation. An den gigantischen Bäumen wucherten Flechten an den Stämmen hinauf. Lianen hingen herunter und ich wäre nicht überrascht gewesen, hätte sich Tarzan plötzlich über unsere Köpfen geschwungen.

Über unzählige Serpentinen, durch Schlammlöcher, vorbei an Teeplantagen und vereinzelten Höfen führte uns unser Weg. Wir, das war eine Gruppe von ca. 15 Leuten, aus allen Nationen bunt zusammengewürfelt. Ich hatte mal wieder Glück, ein junges deutsches Pärchen war auch dabei. Daniel, Physiotherapeut, und Eva, die als Sekretärin arbeitete. Dadurch dass ich doch die meiste Zeit allein unterwegs war und meine Unterhaltungen sich meistens auf Essensbestellungen beschränkten, hatte sich mein Englisch nicht mehr weiter verbessert. Deswegen war ich froh, wenn ich jemanden zur Seite hatte, den ich im Zweifel fragen konnte. Als wir langsam ein wenig unleidig wurden ob der langen Anfahrt, hielt unser

Fahrer endlich an. Wir wurden von einem kleinen, aufgedrehten, allerdings sehr witzigen Thailänder begrüßt. Jeder dritte Satz war: „Oh, my Buddha!" Dabei machte er die seltsamsten Geräusche, die keiner Übersetzung bedurften.

Wir wurden alle in bunte Gewänder gesteckt, damit unsere eigene Kleidung durch die Elefanten nicht beschmutzt wurde. Danach hielt der Elefantenbändiger uns einen Vortrag über die Haltung und die Pflege der Elefanten und schon kamen die grauen Riesen gemächlich angetrabt. Fünf Elefanten, alles Kühe, zwei von ihnen waren schwanger. Ein Elefant kann bis zu 100 Jahre alt werden, die Elefantenfrau ist zwei Jahre in anderen Umständen. Ein Bulle war nicht dabei, aber wenn ich es richtig verstanden habe, war er nicht an Menschen gewöhnt und wurde leichter aggressiv. Er lebte ausschließlich im Dschungel. Aber auch die Damen, die später von uns gefüttert, in einer Grube mit Lehm eingerieben und im See wieder sauber geschrubbt wurden, verabschieden sich danach wieder in die Wildnis.

Eigentlich hatte ich mir nie etwas aus Elefanten gemacht, diese riesigen Ungetüme mit ihrer dicken Haut und ihren kleinen Augen waren mir immer ein wenig suspekt. Doch ich muss zugeben, seit diesem Tag hat sich meine Meinung doch ziemlich geändert. Ob mich ein Elefant mit seinem Rüssel umschlungen hatte, weil er in meiner Hosentasche eine Banane vermutete, oder wenn er mich nass spritzte, weil ihm meine Spezial-Lehm-Massage so gut gefiel, immer spürte ich, wie vorsichtig und gewissenhaft er mit mir umging. Und wenn ich in seine Augen sah – ach diese Augen, ich hatte mich richtig verliebt. Doch, ich bin mir sicher, diese Tiere haben einen untrüglichen Instinkt und spüren genau, was du fühlst und ob du ihnen zugeneigt bist. Und ich fühlte mich bei ihnen sauwohl!

Aber wie das so ist mit schönen Begebenheiten, sie gehen viel zu schnell vorbei. Wir wurden im Lager mit einheimischen Leckereien verwöhnt, gingen später noch zu einem malerischen Wasserfall, damit wir uns den ganzen Lehm vom Körper waschen konnten (die Elefanten hatten ganze Arbeit geleistet und uns vollgeprustet), und schon war es wieder Zeit geworden, die Heimreise anzutreten.

Gern wäre ich noch einige Zeit dortgeblieben, hätte ich nicht aus den Augenwinkeln in einiger Höhe in den Baumwipfeln ein Spinnennetz entdeckt! Darin die größte und ekligste und gemeinste Spinne, die ich je gesehen hatte! Gut, nun war ich doch nicht mehr so unglücklich zu gehen, allein der Gedanke, an wie vielen dieser Viecher ich heute vorbeigegangen war, ohne es zu merken, ließ mich nun doch eine Gänsehaut bekommen. Dann lieber von angenehmeren Dingen berichten, wie:

Loy Krathong.

So wird das Vollmondfest genannt, das von den Thailändern einmal im Jahr, meist im November, zelebriert wird. Ursprünglich scheint dieses Fest von den Indern zu kommen, eine Art Hindufest, als Danksagung an die Götter des Ganges.

Inzwischen wird es hauptsächlich in Thailand gefeiert, allerdings haben auch die Nachbarländer Laos und Myanmar diese Tradition übernommen. Besonders schön und aufwendig sind die Krathong-Feste in Chiang Mai, dort wird über drei Tage lang dieses außergewöhnliche Fest ausgerichtet. Es finden Miss-, Mrs- und Mister-Krathong-Wahlen statt. Am Abend gibt es täglich Umzüge mit aufwendig dekorierten Wagen. Sämtliche Tempel werden mit bunten Laternen bestückt, ebenso die Straßen entlang des Flusses Mae Nam Ping, kurz, der Ping-Fluss.

Schon Tage vorher spürte ich die Vorfreude auf dieses bedeutende Ereignis. Die Menschen dekorierten ihre Geschäfte mit kleinen Laternen und Mädchen und Frauen saßen am Straßenrand und verkauften wunderschöne kleine Schiffchen. Meistens hatten sie die Form einer Lotusblüte, geformt aus Bananenblättern. Verziert mit Orchideen, Rosen oder gelben Tagetes, die Spitzen der Bananenblätter wurden mit kleinen weißen Blüten beklebt. Und das Wichtigste: eine Kerze, entweder eine Art Teelicht oder ein längeres dünnes Lichtlein. Nicht zu vergessen die drei Räucherstäbchen. Mir wurde von einer älteren Thailänderin erzählt, diese drei Stäbchen symbolisieren die Vergangenheit, die Gegenwart und die Zukunft. Durch das Aussetzen des Schiffchens werden die Sünden der Vergangenheit getilgt, das Bewusstsein der Gegenwart geschärft und das Glück der Zukunft heraufbeschworen.

Vor allem verliebte Pärchen setzen ihre Krathongs oft gemeinsam aus, soll doch damit die ewige Liebe besiegelt werden. Jetzt wusste ich auch, warum das bei mir mit der ewigen Liebe nie geklappt hatte. Wieder was gelernt.

Als das Tageslicht langsam zur Neige ging, erwachte die Stadt immer mehr zum Leben. Einige Straßen wurden gesperrt und der Verkehr umgeleitet, damit Musikgruppen, Verkaufsstände und Streetfood-Läden mehr Platz hatten, um den Menschenmassen Herr zu werden. Allerdings war überall eine lockere und gut gelaunte Atmosphäre, sodass ich nie das Gefühl hatte, Platzangst zu bekommen oder überrannt oder sogar ausgeraubt zu werden.

Überhaupt habe ich in Thailand nur sehr gute Erfahrungen mit den Einheimischen gemacht. Immer freundlich und sehr höflich, ohne dass man das Gefühl hatte, es wirke aufgesetzt. Egal ob ich in einem Laden eine Kleinigkeit kaufte oder es mir in einem Café gemütlich machte, überall waren die Leute sehr zuvorkommend. Manche fragten nach, welche Nationalität ich hätte oder ob ich allein auf Reisen wäre. Nie wurde jemand aufdringlich oder sogar anzüglich. Okay, das könnte vielleicht auch an meinem Alter gelegen haben. Vielleicht wäre das vor 20, 30 Jahren noch anders gewesen. So gesehen hat dann das Alter auch wieder seine Sonnenseiten.

Ich ließ es mir natürlich nicht nehmen, mir ein kleines, wunderhübsch dekoriertes Schiffchen zu kaufen. Wer will nicht auf einem so einfachen Weg seine Sünden ablegen, den Moment genießen lernen und sich gleichzeitig für die Zukunft wappnen?

Es war ganz einfach: Ich musste nur dem Menschenstrom folgen bis zum Ping-Fluss und beobachten, an welcher Stelle die meisten Lichter im Wasser trieben. Dort wurde sogar ein kleiner Landungssteg aufgebaut, damit man sein Krathong sicher ins Wasser entlassen konnte. Nachdem eine Gruppe orange gekleideter Mönche ihre Schiffchen abgesetzt hatte, war ich dran. Ganz vorsichtig ließ ich es hineingleiten und beobachtete, wie mein Schiffchen schnell dahinglitt, ja, sogar das ein oder andere Bötchen überholte. Vielleicht hatte ich ihm nicht so viel Ballast mitgegeben. Der Gedanke gefiel mir.

Ein wenig spürte ich doch, wie es mir leichter ums Herz wurde. Es ist vielleicht zu vergleichen mit Silvester. Wenn man eine Rakete abschießt, das alte Jahr hinter sich lässt und die Vorfreude auf die Zukunft alles rosig erscheinen lässt.

Aber dieses Fest hatte ja noch so viel mehr zu bieten. Vor allem die riesigen Laternen, die zu Tausenden in den Nachthimmel entschwebten, schafften eine erhebende Stimmung. Dazwischen gingen immer wieder Feuerwerkskörper hoch und ließen den Nachthimmel noch strahlender und bunter erleuchten.

Wenn schon, denn schon! Ich kaufte mir am Straßenrand ebenso eine Laterne. Um sie in den Himmel entlassen zu können, brauchte ich jedoch Hilfe. Denn sogar die kleineren Leuchten haben einen Durchmesser von 80, 90 Zentimetern und sind ca. 1,10 Meter hoch. Würde man sie allein entzünden wollen, wäre die Gefahr doch sehr groß, dass das hauchdünne Papier an Ort und Stelle verbrennen würde.

Zuerst beobachtete ich ein deutsches Pärchen, das sich an ihrem sehr großen Licht zu schaffen machte. Dazu muss die Laterne aufgefaltet werden. Am unteren Ende ist ein entzündbarer Ring. Mit einer Hand wird das obere Ende gehalten und mit der anderen Hand das untere. Der Partner zündet den Ring an und dann heißt es, erst einmal abwarten, damit genügend heiße Luft im Laterneninneren entsteht, um aufsteigen zu können. Es funktioniert genauso wie bei einem Heißluftballon.

Als das Pärchen endlich ihr Licht in den Nachthimmel entlassen hatte, fragte ich nach, ob sie mir beim Anzünden behilflich sein würden. Natürlich, wie nicht anders zu erwarten, wurde mein Ring angefacht und zu meiner Freude bot mir der junge Mann an, meine Aktion mit meinem Handy zu filmen.

Erst später wurde mir bewusst, hätte es jemand drauf angelegt, wäre er mit meinem Smartphone schnell über alle Berge gewesen und ich hätte es nicht einmal gemerkt, da ich so mit meinem „Himmelskörper" beschäftigt war. Aber ich denke, wenn man nur misstrauisch durch die Welt geht, dann verpasst man doch auch sehr viel Schönes. Und dieser Moment war für mich sehr emotional und ergreifend. Lieber Unbekannter, an dieser Stelle vielen Dank für das Verewigen dieses Moments!

Eine Woche in dieser faszinierenden Gegend von Thailand war definitiv zu kurz. Doch ich weilte nun schon einen Monat in diesem Land und der Flug nach Kambodscha stand unmittelbar bevor. Natürlich machte sich wieder die Vorfreude bemerkbar, was wohl das nächste Reiseziel bringen würde. Waren die Menschen dort auch so freundlich, war die Stadt Phnom Penh genauso charmant und pulsierend, wie ich Bangkok empfunden hatte? Ich verließ mein wunderschönes Refugium in Chiang Mai und freute mich auf das, was nun kommen würde.

Extravagante Mode und außergewöhnliche Deko in den Kaufhäusern.

Bunte Laternen in den Tempeln kündigen das Fest an.

Dreitägiges Lichterfest – ein faszinierendes Schauspiel am Himmel. Traumhaft schön!

Kambodscha – Phnom Penh

Ein Rikschafahrer fuhr mich vom Flughafen zu meiner Behausung, die ich über Airbnb gebucht hatte. Er kannte die Gegend nicht und wir mussten meinen Vermieter zweimal anrufen. Nach einer knappen halben Stunde waren wir da. Eine schmale Gasse, von einer Hauptverkehrsstraße abzweigend, sehr dunkel, sehr schmutzig. Der Mann, der vor dem Hof auf einer kleinen Treppe saß, war recht freundlich und zeigte mir den Eingang. Okay, vierter Stock, aber wo war der Aufzug? Es gab keinen!

Und so hievte ich meinen Koffer und meinen Rucksack abwechselnd von einer Etage in die nächste. Die Treppen waren schmal und hoch und sehr verdreckt. Die Tür zu meinem Einzimmerappartement war nicht verschlossen und so konnte ich gleich hinein.

In den letzten Wochen hatte ich oft gedacht, würde ich so eine Reise noch einmal planen, würde ich nicht Indien als erstes Reiseziel auswählen. Zu groß ist der Schock, wenn man von seinem geordneten behüteten Leben so ins kalte Wasser gestoßen wird. Aber das ist nicht unbedingt die schlechteste Option, denn so ließ mich jetzt dieses triste, lieblos eingerichtete Zimmer (fast) kalt, denn da war ich schon anderes gewöhnt.

Plastikgeschirr stand offen auf einer Ablage, dazu zwei Blechtöpfe und eine Pfanne. Allerdings kein Herd! Egal, hier wollte ich eh nichts kochen. Der Wasserkocher für meinen Instantkaffee reichte vollkommen aus. Und einen Kühlschrank gab es auch.

Auf dem Bett breitete ich mein großes Mikrofaserhandtuch aus und als Zudecke benutzte ich meinen Pareo. So hatte ich mich auch schon in Indien über Wasser gehalten, wenn das Bett etwas zweifelhaft aussah oder roch. Apropos, Wasser: Es gab fließend kaltes Wasser. Nur kaltes Wasser!

In so warmen Gebieten wie Kambodscha ist das Gott sei Dank nicht so gravierend, das Haarewaschen kostete mich jedoch schon ein wenig Überwindung. Die Toilette und das Waschbecken waren nicht geputzt, vor dem einzigen Fenster sah man die Hausmauer des Nebenhauses in 30 Zentimetern Abstand, was nicht weiter schlimm war, da man aus diesem Fenster vor lauter Dreck fast nichts sah.

Nachdem ich das Nötigste ausgepackt hatte, duschte ich erst mal, denn die Körperhygiene war nach einer Nacht im Schlafwagen doch ein wenig zu kurz gekommen.

Gerade als ich aus dem Bad kam, klopfte es an meiner Tür. Mein Vermieter, ein junger Kerl mit leichter Alkoholfahne, stellte sich mir vor und drückte mir eine Rolle Klopapier in die Hand. Dabei schaute er immer an der Stelle auf mein Handtuch, wo er meinen Busen vermutete.

Ich solle ihn informieren, wenn ich ein Taxi benötige, sein Freund, ein Tuk-Tuk-Fahrer würde mir alles zeigen. Vielleicht war ja auf meinem Handtuch ein Fleck? Sein Blick ging keine Sekunde davon weg ... Er wollte unbedingt in mein Zimmer, um mir am Handy einige Sehenswürdigkeiten zu offenbaren. Ich war nicht unhöflich, aber habe ihm dann doch die Tür vor der Nase zugemacht. Auch der Vermieter war nicht nach meinem Geschmack.

Nun gut, hier hatte ich mich für vier Tage einquartiert, bevor ich spontan nach Siem Reap fahren wollte. Drei Tage sollten wohl auch reichen und so buchte ich kurzentschlossen eine Busfahrt für den kommenden Sonntag. Eine Bleibe in der Nähe von Angkor Wat war schnell gefunden, ein kleines Häuschen einer Italienerin, auf den Bildern sehr schön und auch günstig im Preis.

An den nächsten Abenden aß ich unten an der Hauptstraße an einem kleinen Streetfood-Stand mit Sitzgelegenheiten. Da die Leute in diesem Viertel kein Englisch sprachen, deutete ich auf das, was ich wollte. Mal bekam ich es, mal etwas anderes. Aber das spielte keine Rolle, denn das Essen war sehr lecker. Dazu stellte mir das junge Mädchen immer eine kleine Schüssel mit Suppe und Essiggurken hin. Trinken am Tisch war umsonst. Meistens war es warmer Tee, wer wollte, bestellte sich Eiswürfel. Der Preis dafür war jedes Mal umgerechnet 1,50 Euro.

Einmal ließ ich mich von einem Rikschafahrer zum Toul-Sleng-Genozid-Museum fahren. Dies war in den Siebzigern das geheime Zentrum der Roten Khmer, ein Gefängnis in der Stadtmitte. Hinter diesen Toren waren 12.000–20.000 Menschen eingekerkert und auf bestialische Weise zu Tode gefoltert worden. Männer, Frauen und Kinder!
Ich hielt mich dort fast drei Stunden auf, mit einem deutschen Audioguide, der sehr einfühlsam und detailliert von den Gräueltaten der Roten Khmer berichtete. Unvorstellbar, was dort alles inmitten der Stadt passierte! Auch zeigte es mir, das ungeheure und unmenschliche Schandtaten in jedem Land und zu jeder Zeit passieren konnten. Durch die Öffentlichkeitsarbeit, die dieses Museum leistet, unterstützt durch das Ministeriums für Kultur und verschiedene Stiftungen, möchte man, dass dieser Teil der kambodschanischen Geschichte nicht in Vergessenheit gerät. Für Schulen und Universitäten ist es Pflichtprogramm, dieses Museum zu besichtigen. Es finden sich so viele Parallelen mit anderen

schwarzen Zeiten in der Geschichte weltweit, ich denke, da hat jedes Land „sein Päckchen" zu tragen.

Kambodscha – Siem Reap

Das schnuckelige Häuschen in Siem Reap entschädigte mich dann doch für die drei Tage in dieser spärlichen Bude. Es gab einen schönen weitläufigen Garten mit Palmen und Jackfruit-Bäumen. Überall grünte und blühte es, unbekannte Vogelstimmen machten auf sich aufmerksam. Eine kleine schwarz-weiße Katze lugte unter einem Busch hervor. Ich musste an meine eigenen Miezen daheim denken: Wie es ihnen wohl jetzt, nur mit meinem Sohn allein gelassen, erging? So vernarrt wie er in unsere beiden Lieblinge war, bräuchte ich mir da wohl keine zu großen Sorgen zu machen.

Das Anwesen wurde von einem großen blauen Eisentor, das mit einer Kette verschlossen war, von der Außenwelt abgeschottet. Von einer Seite hörte man Kindergeschrei und lautes Stimmenwirrwarr, wie es auch bei uns auf den Pausenhöfen der Schulen zu hören ist. Genau daneben befand sich eine Universität, die Kinder jeden Schulalters ganztags beherbergte.

Im Garten selbst entdeckte ich unter den Bäumen versteckt mehrere Sitzgelegenheiten, einen überdachten Essplatz, eine Außenküche und eine gemütliche Terrasse mit Sitz- und Liegeflächen. Alles wurde in bunten Farben gehalten, türkis, pink und blau.

Leider konnte ich den ganzen Außenbereich nur sehr kurz benutzen, denn tagsüber war die Hitze zu unerträglich, um stundenlang im Freien zu sitzen, und am Abend, wenn die Sonne hinter den Häusern verschwand, warteten schon die Moskitos auf mein frisches Blut. Also dann doch wieder rein zu Ventilator, Klimaanlage und geschützten, verdunkelten Fenstern. Nur der frühe Morgen wurde von mir genutzt, um es mir mit Kaffee und einem selbst gemachten Porridge mit Früchten auf der Außenterrasse gemütlich zu machen. Überhaupt ist der Morgen meine bevorzugte Tageszeit. Vor allem, wenn es um mich herum noch leise ist, die Luft noch abgekühlt und klar, die ersten Vögel jubilieren und ich mich darauf freue, was der Tag wohl so alles bringen wird.

Meistens hatte ich davor schon meine übliche Gymnastik absolviert, seit Neuestem probierte ich mich noch dazu im Gesichtsyoga aus. Ich hatte unbegrenzte Zeit und Lust, auch mal etwas Neues auszuprobieren. Warum auch nicht, es kostete nichts, die Anweisungen auf YouTube waren einfach und leicht durchzuführen und hörten sich erfolgversprechend an. Da wäre eine Anti-Age-Pflege von den bekannten führenden Kosmetikherstellern schon um einiges kostspieliger. Und der Erfolg genauso zweifelhaft.

Die ersten drei Monate waren nun bald vorbei. Anfangs hatte ich gegen die innere Unruhe und Zerrissenheit gekämpft, hatte immer das Gefühl, zu wenig Sehenswürdigkeiten oder zu wenig Ausflüge mitzunehmen. Ich denke, das gehört auch dazu, wenn man seit Jahrzehnten einen vollgestopften Terminkalender hatte: wieder zu lernen, es mit sich selbst auszuhalten.

Auch bot diese Stadt dann für meine Begriffe doch mehr Unterhaltung als die Hauptstadt Kambodschas. Es gab eine Straße, die in Pub-Street umbenannt wurde, da dort schon ab dem Spätnachmittag der Bär tobt. Gut, wer das braucht … Mir war dieses ganze Gewusel der Touristen, die sich am Nachmittag schon mit Whiskey und Bier betranken, doch zu langweilig.

An manchen Tagen saß ich an einer Bar oder in einem Café, beobachtete die Leute und musste immer wieder feststellen, dass seit der Erfindung des Handys die Kommunikation immer mehr abgenommen hat. Dabei spielte es keine Rolle, ob es Urlauber, Tuk-Tuk-Fahrer oder einfache Straßenverkäufer waren. Alle stierten in dieses kleine, viereckige Teil, als ob es die Offenbarung auf

Erden wäre. Pärchen unterhielten sich nicht, beim Essen selbst wurde nur auf das danebengelegte Smartphone geblickt. Ganze Familien oder Gruppen hatten als einzigen Unterhalter ihr persönliches Teil dabei. Sogar während der Fahrt auf einem Motorrad konnte ich als Sozius beobachten, dass der Fahrer währenddessen immer wieder scrollte und sich mit Facebook, Instagram, etc. beschäftigte.

Ob in der Stadt oder in Dörfern, egal in welchem Land oder an welchem Ort ich war. Dieses Teil hat inzwischen die Menschheit so im Griff, dass ich mich manchmal frage, wie es wohl in zehn, zwanzig Jahren aussehen wird. Werden wir uns überhaupt noch artikulieren oder finden Gespräche nur noch in vereinzelter Form statt?

Natürlich nutze ich auch diese Art der Kommunikation. Ist sie doch für mich bei den Reisen unverzichtbar, ob als Landkarte, Zahlungsmittel, Fotoapparat oder Verbindung zu meinen Liebsten daheim. Ob in geschriebener Form, am Bildschirm oder mit Fotos, auch ich nutze diese Art der Verständigung für mich. Es liegt mir fern, dies nur zu verteufeln, trotz allem denke ich mir, wie viel eher man in Kontakt mit anderen Leuten käme, wäre nicht jedermann (oder -frau) dadurch mit seiner eigenen Welt beschäftigt.

Es ist nicht Sinn der Sache, alles schlecht zu reden, was uns doch zu so viel mehr Freiheiten, Aufklärungen und auch Spaß verhelfen kann. Mir geht es nur darum, es bewusster zu nutzen. Auch mal Nichtstun auszuhalten, die Umgebung wieder wahrzunehmen, sich mit dem Leben zu beschäftigen. Ich für meinen Teil lasse mein Handy immer öfter in der Handtasche, wenn ich unterwegs bin. Das geht inzwischen so weit, dass ich nicht einmal mehr alles fotografiere, sondern mir denke, dieser schöne Moment gehört jetzt nur mir allein. Ich weiß, ein Leben ohne Handy wäre gar nicht mehr zu bewältigen, viel zu viel prägt es schon unseren Alltag.

Es ist mir jedoch einmal passiert, dass ich bei einem Tagestrip mein Smartphone im Hotel vergessen hatte. Nach der ersten Panikattacke dachte ich mir: „Marianne, früher bist du auch verreist, hattest kein Handy und keine Kamera und trotzdem jede Menge Spaß." Also ließ ich mich nicht vom Tourguide zurückfahren, was er mit vollstem Verständnis gemacht hätte, und was soll ich sagen? Ich habe den Tag überlebt. Und in schönster Erinnerung.

Siem Reap sorgte für allerlei Kurzweil. An einem Tag klapperte ich sämtliche spektakulären Bauten ab, dazu gehörten vor allem die Tempel von Angkor. Allen voran das größte Bauwerk der Welt und UNESCO-Welterbe, Angkor Wat. Danach folgten das danebenliegende Angkor Thom sowie der geheimnisvolle Bayon mit seinen übergroßen Steingesichtern. Unmittelbar im Anschluss die Terrasse der Elefanten, eine sich weit dahinziehende Anlage mit Tausenden Reliefelefanten, die in Stein gehauen sind.

All diese Tempel an einem Tag zu begehen war natürlich ganz schön anstrengend. Schließlich ging es ständig hohe, enge Steinstufen nach oben und, für nicht ganz schwindelfreie Menschen absolut ungeeignet, wieder hinunter.

So langsam wurde auch mein Interesse an diesen heiligen Sehenswürdigkeiten geringer. Zu meiner Schande musste ich mir eingestehen, in meinem ganzen Leben nicht so oft meine eigene Kirche besucht zu haben, wie ich dies auf dieser Reise bei anderen Religionsgemeinschaften getan hatte.

An einem der darauffolgenden Tage besichtigte ich eine Seidenraupenfabrik. Es war sehr interessant und aufschlussreich. Vom Eierlegen der Motten bis zum fertigen Seidenkleid erklärte mir eine junge Frau den Werdegang der Seide.

Wenn die Raupen geschlüpft sind, werden ihnen die Blätter des Maulbeerbaumes als Nahrung angeboten. Bei den kambodschanischen Bäumen bekommen die Seidenfäden später eine kräftig gelbe Farbe, hingegen bei japanischen oder chinesischen Bäumen eher eine weiße. Sobald die Raupe groß genug ist, verpuppt sie sich und spinnt einen bis zu 400 Meter langen Kokonfaden, den

Seidenfaden. Diese Kokons werden in heißes Wasser getaucht und mit einer Art Spinnrad wird das Gespinst aufgewickelt.

Die tote Puppe im Inneren wird von den Einheimischen gern als Snack verköstigt. Auch mir bot die sympathische junge Frau diesen kleinen Imbiss an. Der erste Gedanke war: „Alles einmal probieren, offen für alles sein!" Als ich jedoch diese kleine, wabblige Puppe in der Hand hielt, konnte ich mich nicht dazu überwinden, sie in den Mund zu stecken. Aber auch das gehört dazu. Ich habe mir die Freiheit genommen, Nein zu sagen, wenn ich etwas partout nicht will. Und dazu gehört auch, dass ich keine Larven, Grillen, Maden oder Spinnen verköstigen möchte. Ich kann damit gut leben, ich überlasse das denen, die nicht drauf verzichten wollen.

Über eine Reiseagentur besuchte ich einen Workshop, um mich in die Kunst des Apsara-Tanzes einweisen zu lassen. Mein Interesse wurde dadurch geweckt, als ich mir eine Tanzshow mit Abendessen buchte und diese wunderschönen, grazilen Tänzerinnen bewundern konnte. Jede Handbewegung, jeder einzelne Finger, jede Zuckung, Kopfdrehung oder aber das Schreiten und Anheben des Fußes, alles war absolut identisch und kontrolliert. Man spürte die Konzentration und doch hatten diese Tänze etwas so Leichtes und Lebensfrohes an sich, dass meine Neugierde gestillt werden wollte. Die Musik, eigenartig in ihren Tönen und Rhythmen, hatte auf mich eine seltsame Wirkung. Ich hatte mich schon lange nicht mehr so unbeschwert und gelöst gefühlt. Ewig hätte ich dort sitzen und diese Ritualtänze in mich aufsaugen können. Sogar später, als mich mein Fahrer wieder daheim absetzte, summte ich noch leise die fremde Melodie mit, die mir so nachhaltig im Ohr geblieben war.

Meinen Workshop hielt eine ehemalige Tänzerin ab, die ungefähr in meinem Alter war. Der Übungsraum, etwas größer als eine Garage, eine Tür kein Fenster, kein Stuhl. Wir setzten uns auf den

Boden auf eine Decke und ich erzählte ihr von mir und meiner Familie. Und dann begann der Unterricht. In diesen eineinhalb Stunden brachte sie mir einige Handtechniken bei und sehr viel Hintergrundwissen über den Sinn des Tanzes. Schließlich erlernen die guten Tänzerinnen schon in jüngsten Jahren diese Art der Bewegung, wenn ihre Knochen noch weich und die Gelenke beweglich sind.

Sie war ein tiefgläubiger Buddhist und dieser Glaube spiegelte sich auch im Tanz wider. Dabei sang sie die Melodien mit, es glich fast einer Meditation.

Die Fußarbeit ließen wir weg, denn in dieser kurzen Zeit konnte nicht mehr erlernt werden. Außerdem wollte ich nur eine kleine Vorstellung davon bekommen, wie kompliziert das Ganze ist, und letztendlich sind meine Knie auch nicht mehr die besten. Mit strapazierten Hand- und Fingergelenken, jedoch von vielen guten Wünschen begleitet verließ ich sie später. Auch wenn ich diese Tanztechnik für die Zukunft nicht brauchen werde, hatte ich doch einen tieferen Einblick in die buddhistische Glaubenslehre erhalten.

„Sich nicht übermäßig an materiellen Dingen erfreuen, sich über Unheil und Krankheit nicht grämen und jederzeit den Tod willkommen heißen", dies waren die drei Richtlinien, die ihr wichtig waren. Genau das Gegenteil von mir, aber vielleicht lerne auch ich noch dazu.

Einige Tage später erkundete ich mit dem Fahrrad die ländliche Gegend rund um die Stadt. Ob es sich um einen landwirtschaftlichen Betrieb handelte, der Gemüse anbaute, oder eine Pilzfarm, überall wurde ich herzlich aufgenommen. Die Bewohner boten mir etwas zu trinken an und erkundigten sich, aus welchem Land ich kam. Überall begegnete ich liebevollen Menschen, die sich ehrlich für mich interessierten. Meine Begleitung, ein junges Mädchen, das sich mit Fahrradführungen ein bisschen Geld zu ihrem Tanzunterricht verdiente, begleitete mich zu den verschiedensten Höfen. Wir kamen an einer Zuckerrohrfarm vorbei, genossen ein Glas eisgekühlten Zuckerrohrsaft, danach ging es zu einer Reisweinfarm. Gut, der Name trügt. Wie harmlos sich Reiswein anhört, dabei handelt es sich um einen hochprozentigen Schnaps, der unserem Obstler sehr ähnlich ist. Nach zehn Kilometern mit dem Fahrrad bei sengender Hitze einen Schnaps zu verköstigen, und das schon am Vormittag, ist schon gewöhnungsbedürftig. Allerdings geleitete mich meine charmante Begleitung danach zu einer riesigen Lotosfarm. Dort, im Schatten der kleinen Häuschen, die in den Lotosfeldern gebaut wurden, machten wir es uns mit kühlem Wasser und Lotosblütensamen gemütlich.

Denn in den Lotosstempeln lagern kleine runde Kapseln mit einer weichen Schale. Wenn man sie entfernt, kann man das Innere essen. Es schmeckte sehr lecker, nicht süß, jedoch war es eine Knabberei, die nicht allzu viel Kalorien hatte (hoffe ich doch). Langsam gewann ich den Eindruck, hier wurde alles verwertet.

Schade, denn auch in diesem Land wurde die Mülltrennung nur sehr vereinzelt genutzt. Überall sah man Müllhaufen hinter dem Haus oder auch einfach achtlos in den Fluss geworfen. In den größeren Städten fing jedoch schon die Trennung von Plastik und anderem Abfall an.

So sah ich morgens oder abends ein Müllabfuhrauto, das riesige Mengen leerer Plastikflaschen abtransportierte. Diese bilden einen erheblichen Teil des Unrats, da das Wasser aus der Leitung nicht trinkbar ist. In dieser Richtung gibt es dort noch sehr viel zu verbessern.

Zum Ende unseres abwechslungsreichen Ausflugs ging es wieder die zehn Kilometer zurück. Das Mountainbike war super, die Straßen waren es leider nicht. Es war holprig und wir mussten mehreren Schlaglöchern ausweichen. Mein Hintern brannte und ich war heilfroh, als wir es endlich geschafft hatten und an unserem Fahrrad-Office ankamen.

Nachdem mich ein Rikschafahrer zurück in mein Häuschen gebracht hatte, duschte ich und fiel für zwei Stunden in Tiefschlaf. Das sind die Augenblicke, in denen ich merkte: „Du bist doch keine zwanzig mehr."

Aber auch in anderen Bereichen wurde mir das oft bewusst. Diese Sorglosigkeit und Lebensfreude, die ich an anderen jungen Backpackern beobachtete, ist etwas, das ich nicht mehr so vorbehaltlos mit ihnen teilen kann. Junge Menschen, gerade fertig mit Studium oder Ausbildung, noch offen für die Zukunft, mit tausend Träumen, die es zu erfüllen gilt, das Leben noch so unendlich lang – all das liegt mehr oder weniger schon hinter mir. Manches hat sich erfüllt, vieles nicht. Ich bin nicht unglücklich darüber, allerdings hätte ich mir das ein oder andere in meinem Leben anders erhofft. Vielleicht ist das gar kein so schlechter Ansatz meiner buddhistischen Tänzerin: Wenn die Freude auf das große Glück ausbleibt, dann ist die Enttäuschung des Verlustes auch nicht so groß.

Meine Zeit in Kambodscha ging langsam dem Ende zu und – was soll ich sagen? Nachdem ich die Menschen und das Land besser kennengelernt hatte, verließ ich es doch mit einem weinenden und einem lachenden Auge.

Was den Abschied allerdings ein wenig leichter machte, war die Aussicht, dass mein nächster Flug mich nach Singapur führte. Die Stadt, in der ich vor einigen Jahren die glücklichsten Tage meines Lebens mit meinen Kindern verbringen durfte.

Singapur, ich komme!

Tempeltänzerinnen und Tänzer aus Angkor Wat

Links unten: Festlich geschmückter Leichenwagen

Rechts unten: Mit dem Fahrrad durch die bezaubernde Gegend von Siem Reap

Singapur – Teil I

Vom ersten Moment an fühlte ich mich angekommen. Ein bisschen Angst hatte ich schon, dass mir das Alleinsein in dieser Stadt das Fehlen meiner Kinder ständig bewusst machen würde. Natürlich gab es, vor allem in der ersten Zeit, den einen oder anderen Moment, in dem ich dachte: „Was für eine tolle Boutique, da wäre mein Töchterchen jetzt begeistert hineingestürmt!" oder: „Diese Hammeraussicht auf das Marina Bay Sans, diese gigantischen neuen Hochhäuser im Bankenviertel, diese fantastische Lichtershow am Marina Art Museum, ach Kinder, wenn ihr das doch mit mir jetzt erleben dürftet …" Ja, die ersten Tage waren nicht ganz einfach. Überall hätte ich sie gern bei mir gehabt, wusste, sie hätten das alles genauso begeistert aufgenommen, wie ich es tat. Das war mir bei meiner Ankunft auch klar gewesen und so beschränkte ich mich darauf, alles, was ich so einzigartig fand, zu filmen oder zu fotografieren, um es später meinen Liebsten zu schicken.

Später, bei einem gigantischen Lichtspektakel vor dem Marina-Bay-Sans-Hotel, konnte ich es mir dann doch nicht verkneifen und rief meine Tochter an, wusste ich doch, dass sie wegen einer Erkältung im Bett lag und Zeit hatte. Mit Facetime wollte ich diesen speziellen Moment mit ihr gemeinsam genießen, aber sie meinte: „Mama, ich sehe da fast gar nichts. Leg auf und genieß es für dich in Ruhe, wir können doch morgen miteinander telefonieren." Natürlich war ich im ersten Moment enttäuscht. Ich hatte gedacht, ich würde ihr eine besondere Freude machen, und dann so was!

Am nächsten Tag gestand sie mir, ihr hätte das Herz geblutet, da sie nicht dabei sein konnte. Deswegen war sie so kurz angebunden. Sie liebt diese Stadt mindestens genauso wie ich.

Mein Zimmer war in der Nähe von Chinatown gelegen, ideal, um die meisten Sehenswürdigkeiten zu Fuß oder mit der U-Bahn zu erkunden. Es war sehr klein, hatte kein Fenster, allerdings war es modern und mit allen Annehmlichkeiten wie Klimaanlage, Wasserkocher, Tee, Kaffee und Kühlschrank eingerichtet, obendrein war alles blitzblank.

Was sollte man auch anderes von einer Stadt erwarten, die zu Recht als die sauberste Stadt der Welt bezeichnet wird? Da ich das Zimmer frühmorgens verließ und erst spät am Abend wieder nach Hause kam, erfüllte es seinen Zweck mehr als ausreichend.

Einige Ecken weiter tummelten sich Pubs, Bars und Restaurants. Überall drangen Musik und die gute Stimmung heraus. Wahrscheinlich ging es vielen anderen Leuten genauso wie mir. Wer hier einmal sein Herz verloren hat, kann das nachempfinden. Bestimmt denkt sich jetzt der ein oder andere, na ja, Großstadt ist Großstadt. Aber so einfach kann man sich das hier nicht machen. Diese Stadt ist gigantisch. Mit ihren Wolkenkratzern, die einem den Hals steif werden lassen, will man nach den obersten Stockwerken Ausschau halten. Mit ihren vielen, vielen Grünoasen in der Stadt. Auf den Dächern, ja, sogar zwischen den Hochhäusern werden Terrassen mit kleinen Gärten angelegt. Dort gedeihen Grasflächen, Blumen und sogar Bäume. Schließlich glänzt diese Stadt auch in ihrer Werbung damit, eine Weltstadt IN einem Garten zu sein und nicht MIT einem Garten. Künstler verewigen sich mit ihren Skulpturen an so ziemlich jeder Straßenecke, es gibt keinen Weg, der nicht irgendeine Einmaligkeit zu bieten hätte. Dazwischen ein altes Monument, eine Kirche, eine Moschee, absolut un-

passend im Stil und doch das Tüpfelchen auf dem i. Kleine Essen-
stände, wie man sie überall in Asien findet, konkurrieren mit First-
Class-Restaurants. (Und ziehen bei Weitem nicht immer den Kür-
zeren!)

Da ich kein großer Kenner der Architektur bin, muss ich mich
von meinem Gefühl lenken lassen. Und für mich ist hier alles so,
wie es sein soll. Vielleicht kann man das vergleichen mit Leuten,
die mit zielsicherer Hand ein Haus einrichten, neu und alt, modern
und antik miteinander kombinieren und heraus kommt eine einzigartige, traumhafte Wohneinheit. Oder mit der Liebe: Man verliebt
sich, er ist nicht perfekt, aber er hat das gewisse Etwas, das ihn
unwiderstehlich macht ...

Das Frühstück ließ ich mir meistens im Bankenviertel schmecken, dort herrschte ein buntes Treiben von hochrangigen Herr-
schaften (jedenfalls machten die Damen in ihren flotten Kostümen
und die Herren in ihren maßgeschneiderten Anzügen diesen Eindruck), wenigen Urlaubern und etlichen Putzhelfern. Überhaupt ist
das Essen hier phänomenal. Egal ob in Restaurants, den unzähli-
gen Foodcourts oder an kleinen Ständen, überall roch es lecker und
sah auch sehr appetitlich aus. Ich verstand nicht, warum alle Asia-
ten, vor allem die Asiatinnen so schlank, ja zierlich, waren. Ständig
sah man sie essen oder ihr Essen in durchsichtigen Plastikbehältern
mit sich tragen. Hauptspeise natürlich Reis oder Reisnudeln, viel
Gemüse, viel Fleisch, Huhn, Seafood.

Süßigkeiten wie Schokolade und Gummibärchen gibt es natürlich auch überall zu kaufen, sind aber sehr teuer, denn es sind meistens Importe aus ... Deutschland. Selten sah ich jemanden damit.
Getränke wie Cola, Limonaden und Energydrinks fand man auch,
allerdings wurde meistens Wasser getrunken. Wenn schon süß,
dann meistens aus frischen Früchten als Fruchtsaft gemixt. Alkohol trinken sah ich meistens nur Urlauber, die Einheimischen

schienen sich nicht so viel daraus zu machen. Er ist durch die hohen Steuern sehr teuer und für viele nicht erschwinglich. Na ja, kein Schaden ohne Nutzen!

Auch musste ich zugeben, hier wurde doch an meiner Eitelkeit gerüttelt. Die Mädchen und Frauen waren durchgehend gut gekleidet, trugen flotte Frisuren und hatten bestimmt alle den idealen Body-Mass-Index. Oder lagen darunter.

Also ging es erst einmal zum Friseur, da ich schon seit Längerem mit einer Kurzhaarfrisur liebäugelte. Eine hübsche Angestellte aus einem Coffeeshop empfahl mir einen sehr kompetenten Haarstylisten, der mir einen praktischen und sehr vorteilhaften Bob schnitt. Nicht nur, dass es mich jünger wirken ließ, ich sah gleich ein wenig moderner aus. Da ich eine Alleinreisende war, konnte ich mich in der Hinsicht nur auf mein eigenes Urteilsvermögen beschränken. Und ich war sehr zufrieden mit mir.

Als Nächstes entsorgte ich meine alte Jeans, die nur von einem Gürtel zusammengehalten wurde. Sie war optisch sehr unvorteilhaft, allerdings bequem, was der Grund gewesen war, sie mitzunehmen. Aber warum sollte denn das eine das andere ausschließen? In einer hübschen kleinen Boutique erwarb ich eine flotte Hose (mit Stretchanteil) und eine lässige rote Bluse, in der ich mich zugleich wohlfühlte und dennoch gut aussah. Schließlich war in Singapur Schlussverkauf und somit der Preis im Rahmen des Machbaren. Auch das war eine Begleiterscheinung meiner Reise: Ich setzte mich mehr mit mir und meinen Bedürfnissen auseinander.

Zu Beginn meines Aufbruchs dachte ich: „Egal wie ich aussehe und was ich trage, mich kennt doch in diesen anderen Ländern kein Mensch. Wen kümmert es?" Meine Reisekleidung bestand ausschließlich aus bequemen, schon ein wenig verwaschenen, nicht mehr ganz so aktuellen Teilen. „Wozu auch? Wäre doch schade drum!" Auch auf Make-up, Wimperntusche, Haarfestiger usw. verzichtete ich. Nun war ich doch schon einige Monate unterwegs und mir wurde immer mehr klar, dass ich gut aussehen wollte, und zwar meinetwegen! Ich wollte mir gefallen, fit sein, mich nicht nur über meine Arbeit oder mein Tun identifizieren.

Diese Reise war nicht nur eine Reise des Kennenlernens anderer Ländern und Kulturen, es war in vielerlei Hinsicht auch eine Reise zu meinen Bedürfnissen. Nicht dass ich mich in all den Jahren nur auf andere besonnen hätte und mich selbst vernachlässigt hätte. Nein, ich hatte nie das Gefühl, selbst zu kurz gekommen zu sein oder etwas verpasst zu haben. Dafür war mein Leben viel zu ereignisreich und aufregend. Ich merkte jedoch, dass die Stunden allein für mich immer wichtiger wurden. Vor allem auch, um mir über manche Dinge in meinem Leben klar zu werden – was soll bleiben, was will ich ändern?

Thailand – Phuket

Eine Freundin aus Deutschland buchte mit ihrem Ehemann Urlaub in einem schönen Strandhotel auf Phuket. Dort wollte ich mich mit ihr für eine Woche treffen. Schnell war ein Flug gebucht und ein günstiges Hotel in der Nähe reserviert. Bei meiner Ankunft stellte sich heraus, die Entfernungen von unseren Unterkünften waren zu weit weg, um sie zu Fuß anzugehen. Und zu teuer, um jeden Tag mit dem Taxi hin- und herzufahren.

Ich wohnte in einer Kleinstadt, die hauptsächlich muslimische Bewohner hatte. Vielleicht entwickelt man doch mit dem Reisen ein Auge dafür. Die typischen kuppelförmigen Dächer der Moscheen mit ihren Minaretten fielen mir sofort auf, genauso wie die verschleierten Frauen überall. Nicht zu vergessen, ich sah dort fast keine Hunde, dafür aber sehr viele gut genährte Katzen mit Halsband. Das bedeutete, dass sie nicht wild umherstreunten, sondern ein Zuhause hatten. Mir wurde schon in Dubai gesagt, dass die Muslime Katzen bevorzugten. Eine Eigenschaft, die ich mit ihnen teile.

In meiner Nähe machte ich einen Fahrradverleih ausfindig und so schwang ich mich jeden Morgen auf mein Mountainbike, um zum Strand zu fahren. Die Strecke war in zehn Minuten bewältigt und da ich jeden Tag mindestens zweimal dort entlangfuhr, hatte ich bald einige Menschen, die mir täglich einen Gruß zuriefen oder mir zuwinkten. Überhaupt war das eine sehr schöne, anfangs jedoch befremdliche Erfahrung, dass ich als Europäer in sämtlichen Ländern wie ein Exot betrachtet wurde. Dabei waren die Leute nie aufdringlich, sondern zeigten ihre Freude durch freundliches Nicken oder einen schüchternen Gruß.

Es war ungewohnt, jedoch gleichzeitig so wohltuend, sich nach langer Zeit wieder mit Freunden zu unterhalten, Essen zu gehen oder sich auf einen Drink an der Bar zu treffen. Meine Freundin hatte mir die heiß ersehnten Abschiedsbriefe meiner Kinder und von meinem Lieblingsmensch aus meiner Heimat eine Blechdose mit leckerem Weihnachtsgebäck und einen kleinen Adventskalender mitgebracht. So konnte ich den ersten Advent ganz traditionell mit Plätzchen und weihnachtlichem Ambiente in meinem Hotelzimmer beginnen und beim Lesen der Briefe ein paar Tränen der Rührung vergießen. Meine Kinder hatten mir, jeder einzeln, so liebevolle und aufmunternde Worte mit auf den Weg gegeben, ich war überrascht, dass sie doch so intensiv empfanden. Jetzt, nachdem ich einige Monate unterwegs war und mir doch des Öfteren Gedanken über sie gemacht hatte, wurde mir klar, dass auch ich an unseren Reibereien nicht immer ganz unschuldig war. Vielleicht hatte es diesen Abstand gebraucht, um zu erkennen, dass jeder für sich ein Individuum war, das ich nicht herumschieben konnte, wie es für mich gerade von Vorteil war. Umgekehrt ging es ihnen genauso. Wie oft bestätigten sie mir während unserer Telefonate, wie viele Tätigkeiten von mir als Selbstverständlichkeit angesehen wurden. Manchmal ist so eine Trennung für alle Beteiligten doch recht heilsam. Ich hoffte, dass diese gegenseitige Einsicht nach meiner Rückkehr noch ein wenig Bestand haben würde.

Traditionen sollten gewahrt und gelebt werden. Da spielte es auch keine Rolle, ob man sich gerade am anderen Ende der Welt befindet. Ich merkte, wie sehr mir meine hauseigenen Rituale, gerade in der Vorweihnachtszeit, fehlten. Das Backen mit den Kindern, das Treffen mit Freunden am Christkindlmarkt, das Aufbauen und Herrichten der Weihnachtskrippe, das Schmücken meines Heims und das Einstudieren der Weihnachtslieder am Klavier.

Nun saß ich da vor den Lebkuchen und dem Kalender und war wenigstens in Gedanken mit meinen daheim gebliebenen Liebsten verbunden. Ich hatte bis jetzt noch nicht viele Momente gehabt, in denen ich mich nach Hause gesehnt hatte, ab das war einer davon.

Einige Abende verbrachten wir an der Hotelbar meiner Freundin. Das Hotel selbst war sehr schön angelegt, mit mehreren Pools, Poolbars und offenen Restaurants, direkt am Strand gelegen. Sehr idyllisch in seiner Bauweise und mit vielen Pflanzen und Palmen umrahmt. Riesige Schmetterlinge tummelten sich dort und fremdes Vogelgezwitscher war aus den Büschen zu hören. Dort sah ich sehr viele Menschen mit einem bunten Armband, das einem gleich zu erkennen gab, dass es sich um All-inclusive-Gäste handelte. Natürlich ist es praktischer und auch erschwinglicher, wenn noch Kinder dabei sind, die den ganzen Tag Eis schlürfen, Limonade trinken oder nach einer Portion Pommes verlangen. Das gilt auch für kinderlose Erwachsene, wenn man seinen Aufenthalt bevorzugt nur in dieser Anlage verbringen will. Auf jeden Fall ist es eine Art, Urlaub zu machen, die bestimmt günstiger ist, als für alles einzeln zu bezahlen, die einen aber auch, wie ich finde, träger werden lässt. Sich zu jeder Tages- und Nachtzeit Cocktails, Bier und Fruchtsäfte aller Art an den Pool oder ins Zimmer bestellen zu können, ein kleiner Snack dort, ein Eisbecher da, hat für viele eine sehr anziehende Wirkung. Und wie ich das so beobachtet habe, wurde es auch vom Großteil der Gäste genützt. Da saßen wohlbeleibte Damen und Herren rund um die Bar oder den Pool, den Blick getrübt vom Alkohol und ließen sich einen bunten Cocktail nach dem anderen schmecken. Für viele ist diese Möglichkeit, den Urlaub zu verbringen und abzuschalten, das einzig Wahre, für mich war es eher abschreckend. Denn abschalten möchte ich dann eher vom Berufsalltag, jedoch nicht von meinen wohlverdienten Urlaubstagen. Die möchte ich dann doch bewusst genießen. Und das nicht nur mit Essen und Trinken!

Gut, mein Morgen begann weder ruhig noch gechillt. Genau neben meinem Balkon waren zwei Lautsprecher angebracht und jeden Morgen um 6 Uhr 30 begann ein muslimischer Sprechgesang. Um 7 Uhr 30 ertönte eine Männerstimme in Arabisch, es hörte sich ein bisschen so an, als würde er Nachrichten vorlesen ... und um 8 Uhr wurde wieder gesungen. Okay, Zeit, aufzustehen!

Aber es spielte für mich gar keine Rolle, wie ich geweckt wurde oder was alles neu und anders war. Ich merkte selbst, wenn sich gewisse Dinge täglich wiederholten, entstand ein Tagesrhythmus, an den ich mich anpasste. Und dadurch bekam es für mich eine Art Sicherheit, die tägliche Wiederholungen und Gewohnheiten automatisch mit sich bringen. Für mich persönlich war es angenehmer und auch effektiver, wenn ich mindestens eine Woche an ein und demselben Ort verbrachte. Ich weiß, es gibt genügend Reisende, die in kürzester Zeit alles in einem Land sehen, erleben und erwandern wollen. Diesen Ehrgeiz habe ich nicht. Mir genügt es, wenn ich einige Einheimische in meiner näheren Umgebung kennenlerne, und sei es auch nur, um ein wenig den Alltag mit ihnen zu verbringen oder ein kleines Gespräch zu führen.

Die Woche in Phuket verging wie im Flug, ich hatte mir eine schöne leichte Bräune zugelegt und fühlte mich durch das tägliche Schwimmen und Radfahren auch körperlich sehr fit. Doch nun war es wieder Zeit geworden, die Koffer zu packen und mich auf mein nächstes Reiseziel vorzubereiten, und das war:

Große Wiedersehensfreude mit einer Freundin nach drei Monaten

Und als Willkommensgeschenk bekam ich von meiner daheimgebliebenen Freundin einen kleinen Adventskalender und selbst Gebackenes. Pünktlich zum ersten Advent!

Leckeres Sushi an Straßenständen

Einsame Strände – ideal zum Entspannen

Malaysia – Kuala Lumpur

Schon bei der Fahrt zum Hotel fielen mir einige Parallelen zu Singapur auf. Diese überdimensionalen Wolkenkratzer, nicht nur einfache hohe, viereckige Monumente, sondern jedes anders in Form und Abstraktion. Palmen, wohin das Auge blickte, etliche muslimische Gebetshäuser (80 % der malaysischen Bevölkerung sind Moslems), breite, gut ausgebaute Straßen. Nicht zu vergessen die unvermeidlichen Shoppingmalls, die schon mal einen ganzen Tag in Anspruch nehmen können. Dazu überall Riesenkräne, die neue Bauwerke in den Himmel zu bauen schienen.

Auf die Frage nach einem U-Bahn-System meinte der Taxifahrer nur: „Das wurde schon vor 30 Jahren versäumt. Inzwischen stehen hier viel zu viele Hochhäuser, um das noch in Angriff zu nehmen. Wahrscheinlich würde alles wie ein Kartenhaus einstürzen, würde man jetzt noch beginnen, unter der Erde zu wühlen und das Fundament dadurch instabil zu machen." Trotzdem fragte ich mich, wie es wohl in einigen Jahren in dieser Stadt aussehen würde, wenn sie weiterhin so wachsen würde, wo der Verkehr jetzt schon am Explodieren war. In manchen Ortsteilen kamen die Autos tagsüber nur noch in Schrittgeschwindigkeit vorwärts. Man darf also gespannt sein.

Allerdings hatte auch Kuala Lumpur einiges an kulturellen Sehenswürdigkeiten zu bieten. Seien es die Batu-Höhlen, die mit ihren 272 Stufen erst bestiegen werden wollten. Bunte Wandmalereien und verschiedene Höhlen gab es dort unter anderem zu bestaunen. Oder eines der Wahrzeichen dieser Stadt, den Menara-

Fernsehturm, mit seinen 421 Metern der höchste Turm Malaysias und der siebthöchste der Welt. Von dort oben erlebte ich eine gigantische Aussicht, vor allem auf die Petronas Twin Towers, die mit ihrer beeindruckenden Skybridge einzigartig sind. Ich ließ es mir nicht nehmen, den Vogelpark mit seinen frei laufenden exotischen Tieren zu bewundern oder einen Nachmittag im Aquaria, einem Hai- und Meerestierzoo, mit seiner gigantischen Haitunnelröhre zu verbringen.

Leider konnte ich diese Stadt nur vier Tage genießen, viel zu wenig, um den vielen Sehenswürdigkeiten gerecht zu werden. Noch dazu bewohnte ich eine kleine Wohnung im 19. Stock eines Wolkenkratzerkomplexes, auf dessen Dach sich ein großzügiger Pool erstreckte, der eine phänomenale Aussicht bot. Und da konnte ich mir nicht entgehen lassen, jeden Morgen dort oben schwimmend meinen Tag zu beginnen. Ein wunderschöner, jedoch viel zu kurzer Aufenthalt.

Habe ich Tiere um mich, bin ich glücklich. Im Vogelpark von Kuala Lumpur hatte ich ständig hautnahen Kontakt mit sämtlichen Vogelarten. Ein Paradies!

Die Batu-Höhlen von KL   Ich werde immer stärker! (Fake☺)

Malaysia – Perhentian-Inseln – Palau

Einmal so leben wie Robinson Crusoe, auf einer einsamen Insel. Nur ein paar Einheimische, den ganzen Tag am Strand liegen, beim Schnorcheln bunte Meeresbewohner jagen und abends in einer kleinen Kneipe frischen Fisch und ein kühles Bier genießen. Einen romantischen Sonnenuntergang bei leiser Musik am Strand bestaunen. Den ganzen Tag faulenzen, lesen, vielleicht ein bisschen schreiben, Fotos sortieren oder ein paar Postkarten per Internet verschicken. So hatte ich mir die Woche hier auf dieser Insel vorgestellt. Die Übernachtung war superbillig, kein Wunder, es war Monsunzeit und außerhalb der Touristenwelle. Aber ich hatte gegoogelt, das Wetter wäre nicht schlecht, ein paar kleine Regenschauer, das sollte es gewesen sein.

Nachdem ich anderthalb Stunden auf einem kleinen Boot kräftig durchgeschüttelt worden war, kam ich an dem vielsagenden Coral Beach an. Schon von Weitem konnte ich an den baufälligen Hütten erkennen, dass sie alle unbewohnt waren. Bei der „Diving Ranch" hing das Schild halb herunter, „Jenny's Café" schien überspült worden zu sein, überhaupt machte der gesamte Strand eher den Eindruck, als habe dort am Vortag noch eine Überschwemmung stattgefunden. Verrostete Dosen, Plastiksäcke, kindskopfgroße Blätter der Bäume und jede Menge Korallen waren angeschwemmt worden.

Allerdings entsprach eins genau meinen Vorstellungen: Es war einsam. Sehr einsam. Um es genau zu sagen, es war keine Menschenseele zu sehen. Zum Glück stieg ein junger Mann mit mir aus und half mir, meinen Rollrucksack durch den Sand in mein „Feriendomizil" zu ziehen. Danach entfernte er sich in genau die entgegengesetzte Richtung. Ich steuerte gezielt auf die Tür mit der Aufschrift „Rezeption – OPEN" zu, aber sie war zu. Ich klopfte … nichts. Ich ging in den Hof und rief … nichts. Kein Mensch! Doch, da war doch was … Ach, eine kleine Katze, die hungrig im Hof umherstreunte und nach Essbarem Ausschau hielt.

Seit langer Zeit war ich das erste Mal wirklich ratlos. Das Einzige, was ich wusste, war, dass das Schiff einmal täglich um die Mittagszeit hier vorbeikam. Aber untätig rumsitzen brachte mich schließlich auch nicht weiter. Nachdem ich meinen Ausweis und meine Kreditkarte eingesteckt hatte (man weiß ja nie), machte ich mich auf, einen Bewohner zu finden. So groß war diese Insel schließlich auch nicht. Nach zehn Minuten machte ich einen Mann aus, der vor einer der Hütten saß und aufs Meer starrte. Er bedeutete mir, einfach im Hotel zu warten, irgendwann würde schon jemand kommen.

Gesagt, getan. Nach einer halben Stunde ließen sich dann drei Männer blicken, einer drückte mir einen Zettel mit dem WLAN-Kennwort in die Hand, mit der Information, es gäbe von morgens um 8 Uhr bis abends um 19 Uhr keinen Strom. Das hauseigene Restaurant hätte geschlossen, Supermarkt gäbe es keinen auf der Insel. Essen gehen könnte ich in das nächstgelegene Hotel ganz in der Nähe, die einzige Möglichkeit, überhaupt etwas zu essen und zu trinken zu bekommen.

Die gesamte Anlage, bestehend aus lauter verwinkelten Hütten in dunklem Holz, machte den Eindruck, als hätte man seit dem Ende der Saison alles so gelassen, wie es war. Und das war schließlich schon zwei Monate her. Im Sommer wurde das Hotel auch als Tauchbasis benutzt. Im Innenhof wurde dort anscheinend gegrillt und gefeiert. Jetzt vergammelten dort ein verdreckter Grill und schmutziges Geschirr. Der Boden war nicht gekehrt, alles war mit Blättern und Unrat übersät.

So „gastfreundlich" dieser Typ war, so einladend war auch mein Zimmer. Ein Bett, dessen Matratze eher an eine Hängematte erinnerte. Das Bad war fensterlos und nicht geputzt. Toilettenpapier gehörte hier anscheinend zu den Luxusartikeln und war nicht vorhanden. Dafür hatte ich einen Mitbewohner. Eine Kakerlake, die sich sofort hinter der Duschkabinenwand versteckte. Schnell schloss ich die Badtür, denn im Schlafzimmer konnte ich auf solche Besucher verzichten. Doch auch in diesem Raum konnte ich fast nichts erkennen, da das Fenster sehr klein war und wenig Licht durchließ. Tja, und Licht gab's erst abends ab 19 Uhr. Ich wollte mich nicht beschweren, schließlich war es doch meine Idee gewesen, sich unter einfachsten Bedingungen eine Woche Auszeit zu nehmen.

Ich schnappte mir meine Handtasche und erkundete die Gegend. Nachdem ich mich am Strand eine Weile auf einen Stein gesetzt und mir meine nähere Umgebung genau betrachtet hatte, kam ich zu der Erkenntnis, dass es a) nichts mit Schnorcheln werden würde wegen der vielen Fischernetze, die dort auslagen, b) das Gleiche betraf Schwimmengehen und c) ich unmöglich ein Sonnenbad zwischen diesem ganzen Unrat (und den muslimischen Mitbewohnern) nehmen konnte.

Dann blieb nur noch die Aussicht auf ein gutes Essen und ein kühles Bier. Langsam machte ich mich auf den Weg zum Hotel mit dem Restaurant. Wieder kein Mensch! Nachdem ich das Anwesen einmal umrundet hatte, fand ich einen Eingang, betrat ihn … und stand mitten im Wohnzimmer eines Mannes, der gerade am Fernsehen war. Sofort stand er auf und fragte nach meinen Wünschen. Natürlich gäbe es etwas zu essen, allerdings keinen Alkohol. Nur im Sommer zur Hochsaison – na toll!

Das Essen selbst, Reis mit Gemüse, war gerade so viel, um danach kein Magenknurren zu verspüren, aber auch nicht so viel, um sich an den Bauch zu fassen und zu sagen: „So, jetzt bin ich satt!" Zu diesem Zeitpunkt hatte ich schon fast resigniert und wollte nur noch ins Bett und lesen. Wenigstens das konnte ich dank meines Kindle.

Auf dem Rückweg in mein eigenes Hotel (eigentlich trifft der Begriff Hotel nur sehr begrenzt zu) musste ich über ein ziemlich unwegsames Gelände, da es nun doch recht stürmisch geworden war und die Wellen bis weit auf den Strand peitschten. Da ich nur mit Flipflops unterwegs war, rutschte ich auch noch aus und rieb mir meinen schmerzenden Knöchel. „Das kann ja heiter werden", dachte ich, „jetzt nur noch ins Wasser fallen und mein Smartphone versenken, dann ist mein Glück für heute perfekt."

Gott sei Dank blieb mir dieser Schlusspunkt des Tages versagt. Es half nichts, ich würde die Nacht zum Tage machen, denn mit dem Wasserkocher Kaffee kochen, ins WLAN und Internet gehen, etwas sehen (wegen dem Licht) und den Ventilator genießen (die Klimaanlage war kaputt), alles Dinge, die nur mit Strom machbar sind, konnte ich nur abends und nachts. Und das Strandleben würde eh ausfallen.

Eine kleine Tüte Instantkaffee, zwei Äpfel und eine Packung Schokoladenkekse, dazu eine halbe Packung Haferflocken waren mein Reiseproviant. Das musste für einige Tage Frühstück herhalten. Wie wichtig mir das werden sollte, bekam ich am nächsten Tag zu spüren. Mein linker Knöchel war angeschwollen und schmerzte beim Auftreten. Anscheinend hatte ich mir doch am Vortag den Knöchel verstaucht. Aber das sollte doch in ein paar Tagen wieder behoben sein.

Da ich eine gut sortierte Hausapotheke dabeihatte, wurde gleich gesalbt und bandagiert. Ein Eisbeutel wäre jetzt sehr willkommen gewesen, den gab es nur leider nicht. Ich hatte mir meinen Wecker auf 6 Uhr morgens gestellt, brühte meinen Kaffee auf, goss heißes Wasser zu meinen Haferflocken und schnitt einen Apfel hinein. Als Krönung zerkrümelte ich einen Schokokeks über mein „Müsli". Damit konnte ich schon mal zwei Tage Frühstück überbrücken. Danach surfte ich ein wenig im Internet, bis mir um 8 Uhr der Saft abgedreht wurde. Ein bis zwei Stunden legte ich mich wieder ins Bett, danach wurde es einfach zu warm ohne Ventilator.

Dachte ich am ersten Tag noch, meine Bänderdehnung wäre am nächsten Tag schon besser, so hatte ich mich getäuscht. Der Fuß wurde immer dicker, dementsprechend tat das Gehen immer mehr weh. Hätte ich nicht wenigstens einmal am Tag in das andere Hotel zum Essen gemusst, wäre ich bestimmt vor meinem Zimmer auf der kleinen Terrasse sitzen geblieben. Den Fuß natürlich auf einem Stuhl abgelegt.

Kurzum, es reichte mir! Am nächsten Tag, besser gesagt, am nächsten Abend buchte ich kurzerhand übers Internet ein kleines Appartement in der nächsten Hauptstadt, Kota Bahru. Dort wollte ich die letzten vier Tage wohnen, bevor mein Flug wieder zurück nach Singapur ging. Der Flughafen war nur 20 Minuten entfernt und ich hatte auch keine Lust, genervt, hungrig und hinkend die Weihnachtszeit mit meinem Sohn zu verbringen. Der hatte sich nämlich dazu entschlossen, die Weihnachtstage mit mir zu verbringen, und ich konnte es kaum erwarten, ihn endlich wieder zu sehen. Wenigstens war ein Teil meiner Familie bei mir. Meine anderen beiden würden leider nicht kommen können, da die Flüge von Hamburg restlos ausgebucht waren. So würden wir dieses Jahr das erste Mal die Heilige Zeit nicht miteinander verbringen können.

In Kota Bahru hatte ich wirklich Glück! Eine wunderschöne große Wohnung im 18. Stock mit riesigen Fenstern, eine Küche mit allem Drum und Dran, ein großes Bett mit einer fantastischen Matratze, und Strom!, Licht!, Eiswürfel!, warmes Wasser und ein Bad ohne Kakerlaken!! Ich verließ die Wohnung nur einmal am ersten Tag, um mich mit Lebensmitteln einzudecken, und blieb vier Tage dort, um meinen Komfort zu genießen. Und die Erkenntnis: Nimm einem Menschen alle Grundbedürfnisse wie Essen, Trinken, Schlafen und Licht. Denn wenn er sie wiederbekommt, sieht er das alles nicht mehr als Selbstverständlichkeit an. Ich war sehr dankbar für mein bisheriges Leben!

Was allerdings wirklich erschreckend war, und das betraf bis dahin sämtliche Länder und Städte, war, wie weit wir noch von einem umweltbewussten Denken entfernt sind. In den Großstädten wie Singapur oder Kuala Lumpur ist es sogar um einiges besser, dort wird der Müll getrennt und abgeholt, auf unsere Umwelt hingewiesen und aktiv gegen Umweltverschmutzung vorgegangen. Aber die Bevölkerung auf dem Land (oder auch auf dieser schrecklichen Insel) geht so unbedarft mit ihren Ressourcen um, als hätten sie noch nie etwas davon gehört. Dort wird der Müll in Flüsse und Seen geworfen oder einfach nur vor der Tür oder am Straßenrand abgelegt. Manche machen sich wenigstens die Mühe (auch wenn das dem Umweltgedanken wenig dienlich ist) und verbrennen das Ganze, hauptsächlich Plastik, andere warten drauf, dass alles verrottet. Aber ich glaube, den meisten ist das schlichtweg egal. Dort müsste viel mehr Aufklärung und Unterstützung geschehen, was allerdings wieder mit Ausgaben verbunden ist und diese Länder haben dafür einfach keine Mittel. Was in dieser Hinsicht noch auf uns zukommt, vermag ich nicht abzusehen. Aber es ist schon verwunderlich, dass es in manchen Ländern Präsidenten und Politiker gibt, die alles verleugnen und noch ruhig schlafen können.

Ein trostloser Anblick! Alle Geschäfte verwüstet und heruntergekommen. Leider ein ganz normaler Zustand in den Wintermonaten.

Des einen Freud, des anderen Leid! Dieser Genosse scheint sich im Unrat ganz wohl zu fühlen. Mir jedenfalls reichte es.

Singapur – Teil II

Vierzehn Tage Singapur in einem exklusiven, jedoch finanziell vertretbaren Rahmen, mit Dachpool und Fitnesscenter, in einer zentralen Lage, mit Blick auf das Marina Bay Sans, das war das Weihnachtsgeschenk, das ich mir in diesem Jahr selbst gemacht hatte. Gut, streng genommen hatte ich mir das ganze Jahr zum Geschenk gemacht, allerdings wollte ich zur Weihnachtszeit an einem Ort sein, an dem ich schon viele glückliche Stunden verbracht hatte. Was läge da näher, als hierherzukommen. Außerdem würde ich nicht allein sein. Mein jüngster Sohn wollte mich für eine Woche besuchen kommen. Eigentlich war das mein größtes Geschenk.

Meine Tochter und mein ältester Sohn bekamen leider keinen freien Flug mehr von Hamburg und reisten deshalb kurzentschlossen nach Florida, um ihren Freund und dessen Familie zu besuchen.

Ich musste zugeben, es schlugen zwei Seelen in meiner Brust, denn natürlich hätte ich gern alle meine Kinder bei mir gewusst. Andererseits merkte ich auch, wie sehr meine Tochter und ihr Freund unter dieser Fernbeziehung litten und dass beide jeden Urlaub dafür nutzten, um zusammen zu sein. Die Vorstellung, dass diese Beziehung wegen der großen räumlichen Entfernung scheitern sollte, wäre für mich (und vor allem für meine Tochter) unerträglich gewesen. Und da wir hoffentlich in Zukunft noch viele Weihnachten miteinander feiern würden, war es für mich auch nicht weiter tragisch.

Mein Ältester würde auch auf seine Freundin verzichten müssen, da sie aus Japan kommt und dieses Weihnachten zu ihrer Familie nach Hause flog. Für ihn war es eine willkommene Kurzurlaubsreise, da er nur vier Tage freibekommen hatte. Deswegen war ein günstiger Flug nach Florida (die Schwester arbeitet bei einer Fluggesellschaft) für ihn leichter zu bewältigen, als für diese kurze Zeitspanne den beschwerlichen Flug von 20 Stunden auf sich zu nehmen, um zu mir zu kommen. In diesen Momenten bin ich immer ganz glücklich, dass uns das Internet zu jeder Tages- und Nachtzeit gestattet, weltweit zu kommunizieren. Und das Ganze auch noch kostenfrei.

Tagelang machte ich Pläne, wie ich diese doch so kurze Zeit mit meinem Jüngsten gestalten sollte. Das Wetter würde anscheinend mitspielen, laut Wetterbericht hieß es: warm, die meiste Zeit sonnig, nur ab und zu ein paar kleine Wolken am Himmel.

Und dann war er da! Ich hätte nie gedacht, einmal so aufgeregt und aufgewühlt zu sein, wenn ich eins meiner Kinder wiedersehe. Aber ich habe Rotz und Wasser geheult, als ich ihn am Flughafen endlich in die Arme schließen konnte. Fast vier Monate hatten wir uns nicht gesehen und es kam mir vor, als wären es Jahre gewesen. Ich war in diesem Moment so unbeschreiblich glücklich, ihn endlich wieder bei mir zu haben.

In der ganzen Woche, die mein Sohn bei mir in Singapur verbrachte, stritten wir kein einziges Mal und das war sehr ungewöhnlich bei uns. Es war so, als würde jeder diese kostbare Zeit nutzen, sie positiv gestalten, damit sie in guter Erinnerung bleiben würde. Natürlich ist es nicht immer einfach miteinander, vor allem als Heranwachsender. So viel Neues und Nichtvorhersehbares ruhte in diesen Monaten auf seinen Schultern. Beginn der Arbeit, Einkaufen, Waschen, Kochen, Versorgung der Katzen daheim … und noch so viel mehr. Das alles begleitet von zwei fremden Studenten, die seinen Rückzugsort ungeniert mit beanspruchten. Ihm tat es gut, sich bei mir auszusprechen und sich auszuschimpfen. Vielleicht war nicht alles berechtigt, aber in seinen Augen fühlte er sich oft benachteiligt.

Natürlich hatte ich ihn durch meine Abreise ins kalte Wasser geschmissen, aber ich dachte nach wie vor, dass es für ihn schlussendlich eine Bereicherung war und er gereifter und selbstständiger aus diesem ungewöhnlichen Jahr hervorgehen würde. Ich hoffte, dass er daheim wenigstens durch seinen Vater oder gute Freunde eine Möglichkeit haben würde, sich den ein oder anderen Rat zu holen. Und zur Not konnte er mich jederzeit anrufen.

Manchmal sind es diese Ausnahmesituationen, wenn wir aus unserem Alltag geholt werden, die einem klar werden lassen, in was für einem Luxus wir alle leben. Bei ihm waren es die täglichen Mahlzeiten, der immer volle Kühlschrank, die geputzte Wohnung, die gewaschene Wäsche im Schrank, sich keine Sorgen um das tägliche Allerlei machen zu müssen. Dazu gehörte auch, immer einen Rückzugsort zu haben, wenn einem Schule, Arbeit oder Freund/in wieder einmal auf die Nerven gingen. Und plötzlich war nichts mehr, wie es war. Es gehört nicht allzu viel Einfühlungsvermögen dazu, um zu erkennen, wie schnell ein Jugendlicher da an seine Grenzen kommt. Und sei es nur, dass jemand da ist, der eine Tasse Tee zubereitet, wenn sich ein Schnupfen ankündigt, oder sich mitfreut, wenn der tausendfach geprobte Überschlag mit dem Skateboard endlich geklappt hat.

Umgekehrt ging es mir genauso. Einmal Mama, immer Mama! Mir fehlte es, für jemanden da zu sein, ihn zu bemuttern, seine Freuden zu teilen, kurzum: gebraucht zu werden. Natürlich war diese Reise auch eine Art Abnabelungsprozess, der uns beide abrupt und konsequent überraschte. Ich denke, auch ich werde aus diesem Jahr gereifter, weltoffener und vor allem unabhängiger hervorgehen.

Wir verbrachten diese kurze Woche mit lauter Dingen, die für einen jungen Menschen wichtig sind, und das waren in erster Linie nicht irgendwelche Sehenswürdigkeiten, denn die meisten kannte er schon von unserem ersten Besuch vor drei Jahren. Damals waren meine beiden Söhne und ich gemeinsam für zwei Wochen nach Singapur gereist, um meine Tochter zu besuchen, da sie dort ein halbjähriges Auslandspraktikum absolvierte. Sie hatte in dieser Zeit so starkes Heimweh, dass ich nicht anders konnte, als sie mit unserem Besuch zu überraschen. Ich glaube, nicht zu übertreiben, aber ich denke, diese zwei Wochen damals waren für uns alle eins der schönsten Erlebnisse unseres (bisherigen) Lebens.

Nein, ich hatte auch nicht vor, diesen Besuch von damals zu toppen, ich wollte meinen Kleinen einfach nur glücklich machen. Und der einfachste Weg dafür war: Essen! Genau, meinen Sohn kann man auf die einfachste Art glücklich machen, und zwar mit viel und gutem Essen. Und das konnte man hier an jeder Straßenecke. Die Stadt quoll über von Restaurants, Straßenständen, Foodcourts. Egal ob in Shoppingmalls, in Parks, in den U-Bahn-Unterführungen, überall waren die Verlockungen sehr groß. Und es wurde ihnen oft und reichhaltig nachgegeben. Zudem war das Essen hier immer frisch, hygienisch, günstig und sehr lecker. Ob wir Lust auf chinesische, indonesische, thailändische, italienische, amerikanische (so ein leckerer Hamburger durfte natürlich nicht fehlen) oder auch mal auf deutsche Küche hatten, es blieb uns kein Wunsch verwehrt. Die einzige Ungerechtigkeit war, obwohl ich ihm meistens von mir noch die Hälfte abgab, nahm er kein Gramm zu, blieb ein langer, dünner Kerl. Bei mir bemerkte ich dagegen, wie sich aus meinem kleinen Bäuchlein ein größeres bildete. Egal, wenn er weg war, würde ich das schon wieder wegbekommen. Aber fair war das nicht!

Und so vergingen die Tage wie im Flug. Den Heiligen Abend verbrachten wir in einem deutschen Restaurant mit Ente, Spätzle und Paulaner-Bier. Das Lokal wurde von einer bayerischen Frau geführt. Das Essen war gut, trotzdem kam keine weihnachtliche Stimmung auf. Vielleicht lag es an der Atmosphäre. Alle zwei Minuten kam eine andere asiatische Bedienung im Dirndl und fragte uns, ob wir noch Bier wollten. Ich muss dazu sagen, das Bier war in diesem Restaurant verglichen mit anderen Lokalitäten sehr teuer. Man hatte das unangenehme Gefühl, hier ginge es nur um möglichst viel Umsatz. Das Essen selbst war nicht schlecht, die Portionen leider nicht allzu üppig und bei Weitem nicht so gut wie daheim. Aber das ist es an so einem Tag sowieso nie.

Dazu kam, dass wir in dieser Zeit das erste Mal nicht als Familie zusammen waren und sämtliche Rituale wie Christbaumschmücken, Christmette, Singen, Bescherung und Spiele danach fehlten. Denn das ist es ja schließlich: ein Fest der Familie.

Auch wenn in den Malls und an jedem freien Platz wunderschön dekorierte Christbäume standen und überall „Rudolph, the Red-Nosed Reindeer" und „I'm dreaming of a White Christmas" gesungen wurde, bei über 30 Grad Außentemperatur hielt sich die Weihnachtsstimmung doch sehr in Grenzen. Egal, wir hatten einen schönen und festlichen Abend und nächstes Jahr würden wir, so Gott will, wieder mit der ganzen Familie feiern.

Wie es so ist, wenn man die gemeinsame Zeit in vollen Zügen genießt, sie geht viel zu schnell vorbei. Und so kam auch bald der Tag der Abreise. Für mich war es schrecklich, ihn gehen zu lassen, und ich denke, auch er wäre gern noch ein paar Tage länger geblieben.

Die ersten beiden Tage, die ich wieder allein verbrachte, konnte ich mich für nichts begeistern. Im Gegenteil, wegen jeder Kleinigkeit, sei es eine nette Lokalität, die ihm gefallen hätte, oder eine Sehenswürdigkeit, die ihn mit Begeisterung erfüllt hätte, brach ich in Tränen aus. Einmal fuhr ich in den Botanischen Garten und besuchte den Orchideengarten, der mich vor drei Jahren so beflügelt hatte. Nach einer knappen Stunde trat ich gelangweilt den Rückweg an, es machte mir einfach keinen Spaß.

Im Hotel angekommen schnappte ich mir meinen Bikini und meinen Kindle und verbrachte Stunden am Hotelpool mit Lesen. Sogar in unseren Lieblings-Foodcourt konnte ich die ersten drei Tage nicht gehen, um nicht wieder vor Wehmut deprimiert zu werden.

Nein, ich hätte nie erwartet, dass mich dieser Besuch in so ein emotionales Loch stürzen würde. Aber wer ist schon immer Herr seiner Gefühle?

Bis dahin hatte ich immer gedacht, es wäre schön, wenn ich meinen Kindern auf meinen Reisen ab und zu begegnen könnte, aber nun wurde mir klar, dass jedes Treffen mich danach wieder in ein emotionales Tief stürzen könnte. Also wäre es doch besser, allein zu bleiben, denn der Abschiedsschmerz wäre jedes Mal furchtbar für mich.

So viel zum Thema loslassen!

Das Marina-Bay-Sans Hotel   Schmetterlingsfütterung

Glücklichste Mama für eine Woche, und dann: Ein neues Jahr beginnt. **2020!!**
Was es wohl bringen wird? Auf jeden Fall nicht das, was ich erwartet hatte,,,

Indonesien – Bali

Von Singapur aus ist das Fliegen in andere asiatische Länder und Inseln sehr unkompliziert und preiswert. Und da ich einmal mit meiner Tochter vier wunderschöne Tage in Bali verbracht hatte, was läge da näher, als sich die Insel noch mal für einige Wochen anzusehen? Indonesien ist hauptsächlich hinduistisch geprägt, es gibt dort wunderschöne, noch nicht zu überfüllte Strände und das Essen – ein Traum! Die Menschen sind sehr zuvorkommend und in ihrem Wesen ausgeglichen und freundlich. Davon abgesehen kann man dort sehr günstig leben. Kein Vergleich zu Singapur, das in mein Reisebudget schon ein kleines Loch gerissen hatte. Das musste wiedergutgemacht werden.

Ich wohnte in einem kleinen Hotel, das auch ein veganes Restaurant betrieb. Eigentlich wollte ich dort nicht essen, vegan hörte sich für mich immer nach Verzicht an und schließlich hatte ich Urlaub. Wer will da schon auf fleischliche Gelüste verzichten? Wenigstens nicht auf die, die man auf einem Teller gereicht bekommt.
Wenn ich mich jedoch abends frisch geduscht und gestylt auf den Weg machte und an diesem Restaurant vorbeikam, war es meistens sehr voll. Nun gut, ein Versuch konnte nicht schaden und so besuchte ich eines Tages das Lokal für ein Abendessen.
Es gab die unterschiedlichsten Smoothies, für meine Begriffe sehr ausgefallen im Geschmack, ich hatte mir zum Beispiel einen Lemongrass-Sellerie-Smoothie bestellt. Ungewöhnlich, jedoch sehr schmackhaft. Dazu Tacos mit Bohnenmus, Mais und Salaten. Sooo lecker! Kein Gedanke, dass an diesem Gericht etwas fehlen

könnte. Vor allem kein Fleisch. Es schmeckte sensationell. Überhaupt war alles fantastisch. Frische Zutaten und viele ungewohnte Geschmacksrichtungen schmeichelten meinem Gaumen. Ich hatte mein neues Lieblingslokal entdeckt. In diesem Fall konnte ich mit gutem Gewissen sagen: Warum denn in die Ferne schweifen, sieh, das Gute liegt so nah!

Bali ist eine Insel zum Entspannen und Relaxen vorwiegend beim Yoga, Schnorcheln und Tauchen an den nahe gelegenen Küstenriffs oder auch zum Besichtigen des ein oder anderen Tempels. Und wenn man Glück hat, kann man zum Sonnenuntergang an einem Tempelritual teilnehmen.

Eine Autostunde nördlich von Denpasar, der Hauptstadt Balis, besuchte ich einen Schaukelpark hoch über den Reisplantagen, atemberaubende und malerische Wasserfälle inmitten einer üppigen Dschungelvegetation, den Königstempel mit seinen herrlichen Wasseranlagen, aber auch Kaffeeplantagen, die den Kopi-Luwak-Kaffee herstellten. Dieser Kaffee, übrigens der teuerste Kaffee der Welt, wird aus Kaffeebohnen hergestellt, die vorher von einer Katze, dem sogenannten Fleckenmusang gefressen und danach wieder ausgesch... werden. Nachdem die Bohnen gereinigt wurden, werden sie getrocknet, geröstet und danach per Hand in einer Art Riesenmörser zermahlen. Zum Schluss wird alles noch mal fein durchgesiebt.

Auf dieser Plantage wurden drei dieser Katzen in kleinen Käfigen gehalten, denn in freier Natur nach Katzenkacke Ausschau zu halten ist natürlich dementsprechend aufwendig. Eigentlich ist es auch nichts anderes wie eine Art Massentierhaltung, wenn auch im kleineren Rahmen. Nach dieser Führung fand eine Verkostung statt und ich muss sagen, auch wenn ich eine leidenschaftliche Kaffeetrinkerin bin, ich konnte kein besonderes Aroma erkennen, das den Preis und diese Tierquälerei auch nur im Ansatz gerechtfertigt hätte. Ehrlich gesagt wollte ich dieses spezielle Aroma auch gar nicht herausschmecken!

Aber das Geschäft mit dem Kaffee boomt, für die Touristen ist es ein außergewöhnliches Mitbringsel, mal was anderes als ein Kühlschrankmagnet oder ein Armkettchen. Mir tun diese Tiere einfach nur leid, wenn ich sehe, wie sie in diesen kleinen Käfigen eingesperrt werden, nur diese Bohnen zu fressen bekommen, die sie unverdaut wieder herauskacken, und sonst dahinvegetieren.

Es scheint noch überall auf der Welt so zu sein, als wenn wir die Worte: „Macht euch die Erde untertan" missverstanden hätten und deshalb mit den Tieren umgehen, als wären sie Gegenstände zu unserem Nutzen und keine Lebewesen mit Gefühlen. Statt, wie schon im Alten Testament geschrieben: „Seid fruchtbar und mehrt euch, füllt die Erde und unterwerft sie und waltet über die Fische des Meeres, über die Vögel des Himmels und über alle Tiere, die auf der Erde kriechen!", sind wir dabei, diese langsam, aber sicher zu vernichten. Man muss kein besonders gläubiger Mensch sein, egal welcher Konfession, um zu sehen, wie in so vielen Bereichen Schindluder mit unserer Erde und den Lebewesen darauf betrieben wird. Auch hier auf Bali, das ich noch vor wenigen Jahren als das Paradies auf Erden bezeichnet hatte, merke ich, wie überall der Tourismus und der dadurch entstehende finanzielle Vorteil genutzt wurde. Leider auf Kosten der Natur und vieler Lebewesen. Riesenfledermäuse, die tagsüber schlafen, werden für Geld als Fotomotiv angeboten. Nachts, wenn sie fliegen würden, werden sie in kleine Käfige gesperrt.

An so vielen idyllischen Fleckchen werden hoch über den Reisfeldern Riesenschaukeln gebaut, Aussichtsplattformen für Fotoshootings in malerischer Umgebung hingestellt und Führungen durch entlegenste Dschungelareale angeboten. Ich hatte nun auch einen Tagesausflug gebucht und durchaus meinen Spaß bei all diesen Aktivitäten. Das alles wäre auch nicht weiter verwerflich, schließlich wurde das alles mit natürlichen Materialien und in traditioneller Bauform angelegt. Das Schlimme daran sind die Touristen, aber auch die Einheimischen, die dort ihren Müll verstreuen, ihre Flaschen und Chipstüten in die Landschaft werfen und sich keine Gedanken um die Natur machen. Und es kommen täglich Hunderte dorthin, da kann man gespannt sein, wie sich dieses Paradies in den nächsten Jahren weiterentwickeln wird.

Die wunderschönen Strände und Riffs in der Nähe luden natürlich zum Schnorcheln und Tauchen ein. Da Bali im Indischen Ozean liegt, sind die Unterwasserwelt und ihre Bewohner atemberaubend schön. Auch deswegen plante ich, ein paar Tage auf die Gili-Inseln zu fahren, um zu schnorcheln oder vielleicht auch tauchen zu gehen.

Vor etlichen Jahren fuhr ich jedes Jahr für ein, zwei Wochen auf die Kanaren zum Tauchen, wir waren eine Clique, die sich jedes Jahr in den ersten Januarwochen auf Fuerteventura traf. Deutsche, Holländer, Engländer und natürlich Spanier. Ein bunt zusammengewürfelter Haufen, aber wir verstanden uns prima, was letztendlich auch unserem Tauchlehrer Thomas und seinem Chef Felix zu verdanken war. Wir waren wie eine kleine Familie, die zusammen beim Tauchen sowie auch beim Feiern danach ihren Spaß hatte. Das ganze Jahr freute ich mich schon auf diese Tage, die mich von meinem Hausfrauen- und Mutterleben in eine andere Welt brachten.

Diese Stille unter Wasser, nur das Geräusch der Atmung und der eigenen Luftblasen, die im gleichen Rhythmus blubberten und aufstiegen, war zu vernehmen. Das Gefühl der Schwerelosigkeit und die totale Verbundenheit mit der Natur und den Meeresbewohnern war für mich wie eine Sucht geworden.

Aber auch diese Idylle endete, wie es halt so oft im Leben vorkommt, unvorhergesehen und abrupt. Durch Scheidungen, Krankheiten und Unfälle wurden wir binnen ein, zwei Jahren auseinandergerissen. Die Tauchbasis wurde an jemand Fremden übergeben, restauriert, vergrößert und modernisiert. Doch persönliche

Freundschaften und die damit einhergehende Verbundenheit kamen dort nicht mehr zustande. Auch das ist ein Zeichen unserer Zeit: immer mehr, immer rationeller, immer unpersönlicher.

Wir sollten uns wirklich jeden schönen Augenblicks bewusst machen, den wir erleben, nicht immer alles noch perfekter haben wollen, weniger nörgeln. Schöne Momente sind oft rar im Leben und wir wissen nicht, ob sie jemals wiederkommen. Ich bin dankbar für diese Zeit damals, die auch mich gelehrt hat, was tiefe Freundschaften sind und dass Aufgeben niemals eine Option ist.

(Gell, Thomas? ;-))

Indosnesien – Bali – Gili Trawangan

In Gili Trawangan angekommen wurde ich zugleich von einer Schar geschäftstüchtiger Einheimischer begrüßt, die mir Schnorchelsafaris, Tauchausflüge und Fahrräder anboten. Auf dieser Insel gab es, dem Himmel sei Dank, keine motorisierten Fahrzeuge. Nur Einspänner, bestehend aus kleinen Ponys, die mit Glöckchengebimmel die Touristen transportierten. Oder man lieh sich ein Fahrrad und fuhr selbst durch die Gegend. Schließlich ist die Insel so klein, dass sie in weniger als zwei Stunden mit dem Rad umrundet werden kann. Mir gefiel es dort vom ersten Augenblick an. Viele schnuckelige Bars, Restaurants und Geschäfte mit allerlei Schnick-Schnack reihten sich an der Strandpromenade. Junge Leute, nur mit Badehose oder Bikini bekleidet, radelten lachend durch die Gegend. Alles schien entspannt und sorglos. Und vor allem diese Ruhe … außer dem hellen Klang der kleinen Glöckchen, die die Pferde auf ihrem Rücken angebracht hatten, und dem Gesang der Moschee, die zum Gebet rief, waren nur lachende und freundliche Stimmen zu hören. Nicht zu vergessen, diese erfrischende salzige Prise, die vom Meer herüberwehte.

Vor Ort buchte ich für den nächsten Tag eine Schnorchelsafari mit Mittagessen. Erst mal klein anfangen, dachte ich, schließlich war ich seit fast 14 Jahren nicht mehr unter Wasser gewesen.

Mein Hotel, ein kleines sauberes Zimmer im Hinterhof, hatte eine Terrasse, auf der ich frühstücken und meine Badesachen aufhängen konnte. Und das Ganze für einen Spottpreis. Ein Fahrrad bekam ich auch für die nächsten Tage ausgehändigt und so zog ich los, um mir die Insel ein wenig genauer anzusehen.

Auf der einen Seite der Strandpromenade blickte ich über türkisblaues Wasser mit kleinen bunten Booten darauf, so kitschig, dass jeder Moment als Postkartenidyll festgehalten werden konnte. Davor weißer Sand, verstreut einige Liegen und entzückende kleine Cocktailbars, dekoriert mit Muscheln und Korallen, genau das Richtige, um den Abend einzuläuten oder mit Freunden zu feiern. Und auf der anderen Seite der Straße warben Tauchschulen um neue Mitglieder, Restaurants lockten mit erlesenen Meeresfrüchten und ab und zu warb ein junger Mann mit Schmuck für Armgelenke und Hals. Nebenbei erkundigte er sich, ob auch Interesse an speziellen Mushrooms bestand und mir war anfangs nicht ganz klar, wozu. Na ja, inzwischen wurde ich aufgeklärt. Ich brauche keine, ein kühles Bier ist für mich berauschend genug. Außerdem wollte ich dieses schöne Fleckchen doch lieber mit allen Sinnen erleben.

Eine lässige junge Frau, tätowiert und mit Rastalocken, rief an einer Tauchbasis: „Do you want to try a great dive?" Und ob ich wollte! Als ich ihr mit meinem mäßigen Englisch zu erklären versuchte, dass ich früher schon etliche Male tauchen war, seit vielen Jahren jedoch aus der Übung sei, erklärte sie mir, ihre Kollegin käme aus Österreich und wäre in einer Stunde wieder zurück. Ich solle doch mir ihr sprechen. Das ließ ich mir nicht zweimal sagen. So einzigartig und fantastisch das Tauchen ist, dieser Sport erlaubt manche Fehler nur einmal – und dann nie wieder. Da war es mir schon lieber, das ganze Prozedere vom Jacketanziehen bis zu den Tauchzeichen in gewohnter Sprache durchzugehen.

Andy, mein weiblicher österreichischer Tauchguide war super. Der Typ harte Schale, weicher Kern mit einem großen Herz fürs Tauchen und gutem Fisch auf dem Teller. Für sie war das Meer ein einziger riesiger Delikatessenladen. Ich habe sie vom ersten Moment ins Herz geschlossen, vor allem auch, da sie ihren Beruf sehr genau nahm und ich mich mit ihr unter Wasser sehr sicher fühlte.

Fast könnte ich sagen, Andy war das weibliche Pendant von meinem Tauchlehrer Thomas aus Fuerte. Beide trugen ihr Herz auf der Zunge und sagten gradeheraus, was Sache war. Keine Launen, muffig sein oder gar humorlos, dazu absolut groß in ihrem Fachwissen und sensibel genug, sich in andere hineinzuversetzen. Für mich gab es nichts Besseres, als mit so jemandem diesen einzigartigen Sport zu teilen.

Die Unterwasserwelt in diesem Gebiet war unvorstellbar schön. Riesige Wasserschildkröten, Haie, Ballonfische, Glasfische und Nemos, die sich an den Korallenriffen tummelten, um nur einige wenige zu nennen. Daher war es kein Wunder, dass ich kurzerhand beschloss, meine Tage auf diesem schönen Fleckchen Erde zu verlängern. Hätte ich nicht noch andere Reisepläne gehabt, vielleicht würde ich heute noch dort sein.

Des Weiteren lernte ich viele neue Leute kennen, mit denen ich morgens mit einem kleinen Boot hinausfuhr. Die Gemeinsamkeit des Reisens und des Unterwassersports lässt einen viel eher ins Gespräch kommen, als wenn man nur Leute in Bars oder Restaurants trifft. Und so hatte ich in dieser Zeit eine Menge Unterhaltung. Ich traf mich mit charmanten, erfolgreichen Frauen zum Essen oder um Longdrinks zu schlürfen und tiefschürfende Gespräche zu führen, bestaunte mit jungen Familien nachts am Lagerfeuer den Sternenhimmel und philosophierte mit jungen Kerlen am Sunset Point bei bunten Cocktails.

Unvergesslich war ein Bingoabend in einer angesagten Bar. Gut, dass mich niemand dort kannte, denn an diesem Abend war ich mit einigen Tauchfreunden und meiner Tauchpartnerin Andy dort und tanzte auf dem Bartresen zusammen mit hübschen jungen Mädchen. Der DJ, ein Bild von einem Mann, er hätte auch als Wikinger durchgehen können, hatte einen untrüglich guten Geschmack, was seine Sounds betraf, und riss die Massen und mich förmlich mit. Der Rhythmus ging mir ins Blut, das viele Bier natürlich auch. Ich stand dort oben, bewegte mich wild im Takt der Musik und fühlte mich wie ein 20-jähriges Mädchen! Vielleicht hatten die Besucher bei meinem Anblick nicht ganz so viel Spaß wie ich, sei's drum, ich hatte ihn. Und wenn die Menschen dort diesen Abend schon längst wieder vergessen haben, in meinem Herzen wird er unauslöschlich festgehalten sein.

Und so gingen meine Tage in Bali mal wieder viel zu schnell vorbei. Keine Zeit für Yoga, Meditation oder Ukulelespielen. Dafür waren die Momente mit lieb gewordenen Freunden und Tauchausflügen viel zu kostbar geworden.

Zu Beginn meiner Reise hatte ich ursprünglich einige Vorsätze gefasst. In Indien wollte ich mit Yoga beginnen, der Gedanke lag nahe, schließlich ist dieses Land die Mutter der Yogalehre. Danach in Bali die Yogaübungen vertiefen und die innere Einkehr dabei finden. Natürlich inspiriert durch das Buch und den gleichnamigen Film *Eat, Pray, Love*. Daraus wurde jedoch nichts. Zwar hatte ich in Thailand über eine App mal mit dem Yoga begonnen, aber richtig Spaß gemacht hat es mir nicht. Also habe ich es bleiben lassen. Im Gegensatz zum Gesichtsyoga, denn erstens soll es die Gesichtszüge verfeinern und zweitens, der Schwerkraft in Form von herabhängenden Bäckchen, Zornesfalte und Schlupflidern entgegenwirken. Nach einigen Wochen hatte ich wirklich den Eindruck gewonnen, als ob sich ein kleiner Erfolg einstellen würde. Es konnte aber durchaus daran liegen, dass mein veränderter Lebenswandel mit viel Schlaf, keinen Sorgen, keinem Stress oder kleinen Ärgernissen sich positiv auf meine Mimik auswirkte.

Ich hatte früher des Öfteren damit geliebäugelt, mit dieser Art der Körperertüchtigung zu beginnen. Schließlich sind die Bewegungen im Yoga langsam und kontrolliert, der gesamte Körper wird gedehnt und gestreckt, außerdem soll es sich positiv auf den Geist auswirken. Alles Dinge, die mich ansprachen.

Einmal hatte ich in meiner Heimatstadt ein 10er-Abo gebucht. Die Übungen machten mir Spaß, unsere Lehrerin nahm sich jedes Einzelnen von uns an, korrigierte vorsichtig und nahm ihre Sache sehr genau. Wir Neulinge merkten, wie sie in ihrer Funktion als Yogi-Meisterin aufging, denn auch die geistige Haltung kam bei ihr nicht zu kurz. Auch wenn ich nach der ersten Stunde noch ein wenig in mich hineinlächelte, als ihr lang gezogenes „OOOhhhmmmmm" ertönte, beim zweiten Mal schon merkte ich, wie diese Schwingungen sich in meinem Körper ausbreiteten und mich zur Ruhe und in Einklang brachten. Leider waren die Zeiten für mich damals alles andere als rosig, hatte ich erst vor Kurzem die Scheidung hinter mich gebracht und mich zur Selbstständigkeit entschlossen. Auch wenn die Preise für diesen Kurs überschaubar gewesen waren, so musste ich doch jeden Pfennig (Cent) zweimal umdrehen. Von der mangelnden Zeit, denn plötzlich war ich eine alleinstehende Mutter mit drei Kindern, einmal abgesehen. So blieb es also dann bei diesen zehn Stunden.

Jahre später meldete ich mich über die örtliche Volkshochschule an, dort wurden auch immer wieder Unterrichtsstunden für Anfänger oder Fortgeschrittene gegeben. Also buchte ich zwölf Stunden für Anfänger.

Schon die erste Stunde hätte mich stutzig machen sollen. Diese junge Frau, die vor uns saß und uns in die Geschichte des Yoga einweihen sollte, redete, redete und redete … immer wieder das Gleiche. Sie wiederholte eigentlich immer die gleichen Sätze. Nach fünf Minuten hörte ich schon gar nicht mehr richtig zu, nach einer halben Stunde wäre ich vor lauter Langeweile fast eingeschlafen – auch eine Möglichkeit der Entspannung.

Als wir dann endlich mit den Übungen begannen, wurde das Ganze auch nicht viel besser. „So, jetzt den rechten Fuß nach vorn strecken und ausatmen, äh, einatmen!" Einige Minuten später: „Und nun mit dem linken Bein einen Ausfallschritt … sorry, mit dem rechten Bein …" Und so ging das die ganze Zeit. Ich wurde immer unsicherer, den anderen erging es nicht besser. Irgendwann begann sie mit dem Sonnengruß, eine, wie ich finde, für Anfänger sehr komplexe Übung, da mehrere Stellungen in einem Fluss aneinandergereiht werden, und wiederholte sie in einer Turbogeschwindigkeit. Keiner von uns konnte ihr mehr folgen, jeder versuchte irgendwie, ihr nachzueifern, aber die Gute war so in ihren Bewegungsablauf vertieft, dass sie ihre Umgebung nicht mehr wahrnahm.

Es kam, wie es kommen musste, eine etwas ältere korpulente Frau konnte das Gleichgewicht beim Herabschauenden Hund nicht mehr halten und kippte um. Auch die Lehrerin bemerkte es. Doch anstatt zu ihr zu gehen, ihr aufzuhelfen oder ihr die Übung noch mal zu zeigen, begnügte sie sich mit einem: „Und, gehts wieder?", und machte weiter. Damals dachte ich noch, vielleicht war das ihre erste Lehrstunde und die Nervosität ließ sie so unprofessionell handeln. Inzwischen finde ich, wer nicht ordentlich lehren kann, vor allem nicht im Sport, der sollte es einfach bleiben lassen. Denn die Gefahr, dass sich ein Untrainierter verletzen kann, ist dadurch doch recht groß.

Und so kam es, dass mich diese Art der sportlichen Aktivität nie richtig packte. Wer weiß, da mich meine Reise noch nach Hawaii führen würde, vielleicht würde ich mich dem Hula hingeben. Könnte doch sein, dass das meine Bestimmung ist …

Auf jeden Fall verließ ich Bali und diese wundervolle Insel schweren Herzens. Dies wäre für mich der erste Ort gewesen, an dem ich es gern noch einige Wochen länger ausgehalten hätte. Doch ich musste zurück nach Singapur. Mein China-Visum sollte in dieser Woche beantragt werden, denn in der darauffolgenden Woche wurden die Botschaft und sämtliche Ämter geschlossen, denn das chinesische Neujahrsfest stand an. Und die Chinesen feiern ihr Fest über einen längeren Zeitraum. Auch hier in meiner Lieblingsstadt fanden, über einen Monat verteilt, Umzüge und Feuerwerke statt. Haustüren wurden überall in Rot und Gold geschmückt. Man sah unzählige Mandarinenbäume (ein Glücksbringer für die ganze Familie) und rote Laternen, bestückt mit süßen Plüschmäusen, säumten die Straßen. Eigentlich sollte die Maus eine Ratte sein, denn es wurde das kommende Jahr der Metallratte gefeiert. Und da in Singapur sehr viele Chinesen leben, war nicht nur Chinatown, sondern die gesamte Stadt in rot-goldener Vorfreude.

Am chinesischen Silvesterabend stürzte ich mich natürlich ins Chinatown-Getümmel. Die Straßen waren üppig dekoriert worden, überall blinkte und glitzerte es. Einheimische und Touristen schoben sich langsam durch die Straßen, an deren Seiten die Angestellten der Restaurants lauthals rufend um Kundschaft buhlten. Der strenge Geruch der Durianfrucht lag überall in der Luft, Familien mit Kindern, die sich Plastikhandschuhe übergestreift hatten, genossen diese Delikatesse. Ohne Handschuhe hätte man Stunden später noch diesen penetranten Geruch an sich haften, denn er lässt sich nicht einfach abwaschen.

An einem kleinen offenen Lokal winkte mich eine Frau mittleren Alters, die mit einer jüngeren an einem kleinen Tisch saß, zu sich: „You hungry or you want only beer?"

Natürlich wollte ich eine Kleinigkeit essen und ein Bier wäre auch nicht zu verachten. Vor allem aber den Abend in lustiger Atmosphäre zu verbringen klang verlockend. Es stellte sich heraus, dass die beiden aus Australien waren, die jüngere war die Schwiegertochter, die seit einem Jahr mit ihrem Mann und ihrem Kind hier in Singapur lebte. Und Schwiegermama stattete ihnen einen Besuch ab und schien ihn auch in vollen Zügen zu genießen. In kürzester Zeit hatte sich noch ein Ehepaar aus England zu uns gesellt und gemeinsam hatten wir einen sehr vergnüglichen Abend, der sich viel zu früh dem Ende zuneigte, als das Feuerwerk losging.

Auch das sind solche Momente, die ich sehr zu schätzen gelernt habe. Sich mit fremden Menschen, egal welcher Nationalität, auszutauschen, Spaß zu haben, keine tiefschürfenden Gespräche, sondern nur oberflächliches Geplänkel, den Abend in trauter Einigkeit zu genießen und danach wieder seine Wege zu gehen. Ein Abend ohne Probleme, keine Krankheiten, kein Ärger mit Familie oder Arbeitgeber, keine Diskussionen über den Untergang der Welt, Umweltverschmutzung, Klimawandel, Terrorismus und so vieles mehr, was unsere Tage prägt. Sondern nur gute Stimmung, freundlicher Austausch und die Lust, zu feiern. Ich denke, wenn man das nicht mehr mit gutem Gewissen genießen kann, dann ist das Leben nur noch die Hälfte wert. Keinem ist es gleichgültig, was mit unserer Umwelt und unseren Mitmenschen passiert, aber es ist auch niemandem geholfen, wenn wir ständig nur Trübsal blasen und jammern. Und persönlich fand ich es erfreulich, dass Menschen von anderen Kontinenten meinen doch manchmal eigenwilligen Humor verstanden, und das hatte diesmal nichts mit Sprachkenntnissen zu tun, sondern mit Empathie.

Seit einigen Tagen bekam ich von Freunden und Familie die Anfrage, ob ich nach China reisen wolle, schließlich machte sich dort seit Tagen ein Virus breit, das Corona-Virus. Natürlich wollte ich da hin, schließlich war es doch eines meiner Favoritenziele, auf die ich mich besonders freute. Einmal die Chinesische Mauer entlanggehen oder sich in der Verbotenen Stadt umsehen, in der schon Peter O'Toole in seinem Film „Der letzte Kaiser" zu sehen war.

„Da lass ich mich doch von so einem Erreger nicht abhalten!" Aber da hatte ich die Rechnung ohne die Chinesen gemacht. Eines Morgens bekam ich eine E-Mail, dass meine dreitägige Stadtführung gestrichen worden und alle Sehenswürdigkeit geschlossen seien. Als dann noch das Hotel eine Nachricht schickte, es wäre besser, während meines Aufenthaltes Plätze mit vielen Personen zu meiden, wurde mir klar, das mit der Reise nach China würde wohl nichts werden. Sollte ich dort zwei Wochen im Hotelzimmer verbringen? Nein, darauf hatte ich nun wirklich keine Lust!

Also wurden schweren Herzens mein Flug und das Hotel gecancelt und sich nach einer Alternative umgesehen. Und was läge da näher als … Japan. Das Land von Sushi, Teezeremonien, Zen-Gärten und Geishas. Und nicht zuletzt war die Freundin meines ältesten Sohnes Japanerin. Da hätte ich gleich eine Ansprechpartnerin, die ich ein wenig löchern konnte. Und das tat ich dann auch. Sie überflutete mich mit Tipps und Ideen, sodass ich mich nach kürzester Zeit fragte, warum ich nicht von Anfang an in dieses aufregende Land reisen wollte.

Tagestour vom Himmelstor zu den Reisfeldern, dazwischen wurden Foto-shootings gemacht. Ja, dieser leidige Schneidersitz…

Endlich wieder Füße!

Der erste Tauchgang seit 14 Jahren

Traumhaft schöne Sonnenuntergänge. Allein mit seinen Gedanken, einem guten Cocktail und der Hoffnung, diesen Moment lang festhalten zu können.

Japan – Tokio

Wie froh war ich, nicht nach China eingereist zu sein. In kürzester Zeit hatte sich die Lage mit dem Virus so verschlechtert, dass es massive Probleme mit der Ein- und Ausreise gab. Ganz zu schweigen davon, dass die Länder Australien und USA Leuten die Einreise untersagte, die von dort kamen. Puh, da hatte ich wirklich Glück gehabt! Hatte ich doch rechtzeitig die Flüge storniert und auch das Geld dafür von der Fluggesellschaft erstattet bekommen. Ganz zu schweigen davon, dass es inzwischen auch schon einige Todesfälle gab. Das Virus schien doch aggressiver zu sein, als anfangs vermutet wurde. So leichtsinnig musste ich mich nicht der Gefahr aussetzen, schließlich gab es für mich noch Alternativen, für viele Leidtragende leider nicht.

In Tokio angekommen, fiel mir als Erstes auf, dass weder die Straßenschilder noch Busverbindungen oder die Speisekarte auf Englisch übersetzt waren. Auch die Menschen, die ich nach dem Weg fragte, beherrschten keine andere Sprache als Japanisch. Hatte ich zu Beginn meiner Reise noch den größten Bammel davor, mich nicht verständlich machen zu können, so entspannt ging ich das Ganze in Japan an. Mit Gesten, Handyübersetzungen und Fingerzeig konnte ich meine Fragen immer beantwortet bekommen. Und das Beste: Die Japaner sind so ein hilfsbereites Volk, bevor sie nicht verstehen, was gemeint ist, lassen sie dich nicht gehen.

Fragte ich nach einer bestimmten U-Bahn-Station, ging derjenige mit mir bis zum Eingang. Einmal suchte ich eine mir unbekannte Adresse, die sich dem Anschein nach in einem Bankenviertel befand. Die Herren wuselten mit mir von Haus zu Haus, fragten nach und gingen in Geschäfte, um sich nach dem Weg zu erkundigen, kurzum, sie waren alle ernsthaft bemüht, mich sicher ans Ziel zu bringen. So viel Hilfsbereitschaft ist mir in meinem eigenen Land noch nie begegnet.

In sehr vielen Restaurants bestellte man sich sein Essen über einen Automaten. Ich orientierte mich hauptsächlich nach den Bildern, was die Sache ein wenig einfacher machte. In manchen Lokalen hatte ich Glück und konnte sogar in englischer Sprache wählen. Beim ersten Mal erklärte mir die Köchin, wie der Ablauf war. Erst wählen, dann den Geldbetrag einwerfen, ein kleines Kärtchen entnehmen und sich an den Platz seiner Wahl setzen. Danach kam ein Kellner, brachte ein Glas Wasser (Wasser ist in den meisten Lokalen gratis und man darf sich nachschenken, so viel man möchte) und nahm das Zettelchen mit. Nach kurzer Zeit bekam man sein Gericht, und ich muss sagen, es schmeckte jedes Mal sehr lecker.

Überhaupt ist die japanische Küche sehr vielseitig, abwechslungsreich und schmackhaft. Hätte ich immer meinen Gelüsten nach diesen fantastischen Gerichten nachgegeben, ich glaube, man hätte mich aus diesem Land rollen müssen. Dabei hatte ich noch nicht einmal die vielen Konditoreien und Süßigkeitenläden betreten. Alles so liebevoll garniert und dekoriert, es war wie ein kleines Schlaraffenland.

Oft besorgte ich mir meine Abendmahlzeiten in den Supermärkten. Dort war es wesentlich günstiger, als täglich ins Restaurant zu gehen. Viele Japaner hielten es genauso und kauften sich dort ihr Essen. Es war frisch, gesund und günstig. Denn viel Zeit, um in der Küche zu stehen, haben die meisten nicht. Die Arbeitszeiten sind länger, die Urlaubstage dagegen wesentlich geringer als bei uns.

Außerdem sind dort alle Gerichte schon fertiggekocht und verpackt. Bunte Gemüsepfannen, leckere Salate, Hühnchen-, Fisch- und Fleischgerichte mundgerecht auf einem Reisbett verteilt, Sushi, Obstsalate und kleine Törtchen – wer braucht da noch zu kochen?

Was wäre das für ein Spaß, wäre man dort in so einem Lebensmittelgeschäft für eine Nacht eingesperrt. Ich würde mich durch diese Vielseitigkeit an Leckereien essen, ein Häppchen dort, eine kleine Versuchung da. Schon allein die Tütchen mit den verschiedenen Keksen, Nüssen, Wasabi-Snacks, zierliche, durchsichtige Schachteln mit bunten Bonbons und kleinen Pralinen. So liebevoll und bis ins letzte Detail liebevoll präsentiert. Nun konnte ich die Freundin meines Sohnes verstehen, dass sie an keiner guten Konditorei vorbeikam. Es ist ein Wunder, wie sie sich bis heute ihre fantastische Figur erhalten hat.

Tokio ist eine gigantische Stadt, sehr futuristisch und fortschrittlich. Dort besuchte ich den Tokyo Tower und den Tokyo Skytree, mit seinen 634 Metern der höchste Fernsehturm Japans und der zweithöchste weltweit. Alles riesige Bauwerke, von denen man die Stadt von oben betrachten konnte. Vor allem nachts, wenn es überall funkelte und die Rainbow Bridge in bunten Farben leuchtete.

Manchmal bekam ich allerdings das Gefühl, Tokio möchte die weltweit bekannten Bauwerke alle ein wenig imitieren. So sah der Tokio Tower aus wie eine Nachbildung des Pariser Eiffelturms, die Rainbow Bridge wie die Golden Gate Bridge in San Francisco, sogar eine kleine Nachbildung der New Yorker Freiheitsstatue fand sich hier. Dabei hatte Tokio ein so wunderschönes natürliches Wahrzeichen, den Vulkan Fuji. Es ist der höchste Berg Japans und mit seiner riesigen, gleichmäßigen Kegelform von über 3.776 Metern von jeder höheren Plattform in Tokio zu bewundern. Seine Spitze ist das ganze Jahr über schneebedeckt und seit 2013 ist dieser Vulkan Teil des Weltkulturerbes.

Eines Nachts wurde ich von einem schrillen Signalton meines Handys geweckt. „Brr ... Brrrr ... Br ... Brrrr ... Br ... Brrr ...! Dazu vibrierte es ununterbrochen und eine japanische Stimme wiederholte ständig etwas, das ich nicht verstand. Ich machte Licht und mein ganzes Zimmer wackelte und schwankte. „Was war das?" Ein Erdbeben? Was sollte ich tun? Noch während ich panisch nachdachte, war alles vorbei. Kein Piepsen, kein Vibrieren, nichts wackelte. Hatte mir jemand Drogen gegeben, was sollte das grade? Ich schickte sogleich eine Verzweiflungsnachricht an unsere Familiengruppe. Nichts!

Dann eine Nachricht von meinem ältesten Sohn: „Ich hatte nicht das Glück, auf meiner Reise nach Japan ein Erdbeben mitzuerleben, ha, ha!"

„Junge, das ist KEIN WITZ!!"

„Mama, hattest du was getrunken?"

„Nur ein Glas Wein, warum?"

„Gute Nacht, Mama!"

Dieses Bürschchen nahm mich nicht ernst, ich würde hier in Japan im siebten Stockwerk von einem Erdbeben erschlagen werden und er nahm mich nicht ernst! Nur mit Müh und Not schlief ich wieder ein. Am nächsten Morgen kam es mir fast selbst wie ein Albtraum vor. An der Rezeption wurde nichts dergleichen erwähnt, es fanden keine Evakuierungen statt. Hatte ich mir das nur eingebildet?

Einige Tage später unterhielt ich mich mit einem Japaner darüber. Nein, das hätte ich schon wirklich erlebt, allerdings ist das in Tokio nichts Außergewöhnliches und es war auch nur eine kleine Erschütterung, kein Grund zur Besorgnis. Also mir hatte diese Stärke vollkommen gereicht!

Tokio ist nicht unbedingt die günstigste Stadt, vor allem was das Transportsystem betrifft. Darum kaufte ich mir für eine Woche den Japan Rail Pass, mit dem man durch ganz Japan mit dem Hochgeschwindigkeitszug Shinkansen fahren kann. Für einige Tage besuchte ich die Stadt Kyoto mit ihren wunderschönen Tempeln und Zen-Gärten. Leider war die Jahreszeit nicht so optimal, es war sehr kalt und schneite auch ein bisschen. Die meisten Bäume waren noch kahl und das Gras braun. Die Anordnung in den Gärten ließ jedoch erahnen, wie schön es dort in den Sommermonaten sein musste. Überall sah man Mädchen und Frauen im traditionellen Kimono und Männer mit langem Mantel und passendem Gürtel, dem Haori, umhergehen. Später erfuhr ich, dass man sich diese Bekleidung für einen Tag ausleihen konnte, und die meisten der jungen Damen und Herren Urlauber waren und aus China stammten.

Ein Besuch in Hiroshima durfte natürlich auch nicht fehlen. Schließlich lag diese Stadt knapp 370 Kilometer von Kyoto entfernt und war mit dem Schnellzug in gut zwei Stunden zu erreichen.

Vorsichtshalber hatte ich mich im Internet informiert, ob es dort noch Strahlungen von der Atombombe damals gab. Eigentlich Blödsinn, denn es würde ja niemand dort leben, wenn es denn so wäre. Aber sicher ist sicher!

Dabei ist diese Metropole mit ihren knapp 1,2 Millionen Einwohnern so beeindruckend und fortschrittlich, kein Fremder würde auf die Idee kommen, dass damals am 6. August 1945 in den frühen Morgenstunden eine Atombombe auf die Stadt niederging.

Am Bahnhof angekommen wandte ich mich an eine junge Japanerin, die sich um die touristischen Gäste kümmerte. Sie führte mich sogleich zu einer Busstation. Dort konnte ich, bewaffnet mit einer Stadtkarte, bestimmte Routen benutzen, die mir die wichtigsten Sehenswürdigkeiten zeigten. Da ich den Rail Pass hatte, waren diese Fahrten umsonst. Aber Hiroshima ist keine Stadt für einen Tag.

Zumindest konnte ich in dieser Zeit das Friedensdenkmal, den Friedenspark, das Friedensmuseum (sehr ergreifend) und die Burg Hiroshima bewundern. Auch machte ich einen kurzen Stopp in Hiroshimas verrückter Einkaufsmeile, in Hatchobori. Es prasselten so viel fremde Eindrücke auf mich, dass mir am Abend nur noch der Kopf schwirrte. Schnell besorgte ich mir vor der Abfahrt in einem Supermarkt noch eine leckere Sushi-Platte für unterwegs und schon ging es wieder mit dem Shinkansen zurück nach Kyoto.

Meine letzten fünf Tage verbrachte ich wiederum in Tokyo. Kyoto wurde mir einfach zu kalt, denn ich hatte mein Domizil abseits der Stadtmitte und fuhr täglich mit dem Fahrrad zur U-Bahn-Station. Dazu kam, dass in meinem Zimmer ständig die Heizung ausfiel und sich meine Erkältung einfach nicht bessern wollte.

In Tokio angekommen traf ich mich einige Male mit einem älteren Japaner, den ich auf der Straße beim Fragen nach einer Adresse kennengelernt hatte. Er lud mich spontan zum Essen ein und ein Nein wäre doch sehr unhöflich gewesen.

Dadurch kam ich in den Genuss, die gehobene japanische Küche kennenzulernen. Ich selbst hätte mir das nie leisten können und so hatten wir beide etwas davon. Er erzählte mir seine ganze Lebensgeschichte und bedankte sich jedes Mal für meine Gesellschaft. Und ich sah Meisterköchen beim Zubereiten der Speisen zu, aß Gerichte, die ich nicht kannte, und genoss das vornehme Ambiente. Sicher war, dass es sich nicht um Hunde oder Katzen handelte, da hatte ich dann doch vorher nachgefragt. Diese Tiere essen anscheinend wirklich nur die Chinesen.

In der Hauptstadt wurde es schon langsam frühlingshaft und ich hatte das Glück, in vielen Parks die Kirschblütenzeit erleben zu können. Familien und Gruppen mit jungen Leuten sowie Pärchen genossen ein Picknick, machten Bilder von den vielen filigranen Blüten, die rosa in der Sonne leuchteten, und erfreuten sich an den wärmenden Sonnenstrahlen.

Wenn ich das nächste Mal in dieses Land komme, und das werde ich bestimmt, dann werde ich meinen Sohn und dessen Freundin bitten, mich zu begleiten. Es gibt hier so viele Fragen, die ich hätte, so viele Bräuche und Rituale, die ich erklärt bekommen möchte. Hätte ich ständig in Reiseführern und Internetseiten nachschlagen, ich wäre gar nicht dazu gekommen, das alles hier zu genießen. So sog ich alles auf und genoss die einzigartigen Momente.

Einerseits wäre ich gern noch eine Zeit lang in Japan geblieben, andererseits freute ich mich schon auf mein kommendes Reiseziel Australien. Erstens war es dort Sommer und das versprach kurze Hosen und leichte Shirts, andererseits kam ich dann wieder mit der westlichen Kultur in Kontakt. Nachdem ich nun fast ein halbes Jahr im östlichen, asiatischen Raum gelebt hatte, war ich schon ein wenig aufgeregt, was ich dort für eine neue Mentalität vorfinden würde.

Erste Kirschblüte in Tokyo, und das schon Mitte Februar. Allerdings findet das Kirschblütenfest (Hanami) erst im März oder April statt.

Erste Kirschblüte in Tokyo. Dies ist ein wichtiges Symbol der japanischen Kultur. Sie steht für Schönheit, Aufbruch und Vergänglichkeit.

Das Denkmal für Hiroshima und das Friedensdenkmal der Kinder im Friedenspark von Hiroshima. Eine bedrückende und nachdenkliche Stimmung.

Essen, Essen, Essen! Alles frisch und schmeckte phantastisch.

Australien – Perth

Ich weiß nicht, an was es lag, doch bevor ich auf Reisen ging, wurde ich von so vielen Menschen daheim gewarnt: „Sei vorsichtig!", oder: „Hast du keine Angst, vor diesen vielen fremden Menschen?" Bis jetzt war ich in keinem Land mit unhöflichen, unfreundlichen oder furchterregenden Leuten in Kontakt gekommen. Und das war auch hier in Australien nicht anders. Die Einheimischen sind sehr zuvorkommend, interessiert und liebenswert. Vielleicht hatte ich einfach Glück, aber ich glaube, es liegt viel mehr daran, wie man selbst auf die Menschen zugeht.

Natürlich begegnete ich auch mal einem Grantler oder einem Halsabschneider wie in Indien, aber das gehört dazu, schließlich sind wir auch nicht immer ehrenwert und nur guter Dinge. Und die Welt besteht nicht nur aus lauter lieben, charakterlich gefestigten Menschen. Trotz allem war ich aufs Neue überrascht, wie herzlich die Menschen mich an- und aufnahmen.

Ursprünglich hatte ich geplant, gleich nach Sydney zu gehen, aber da dort seit einiger Zeit ein Feuer gigantischen Ausmaßes wütete, entschloss ich mich, die andere Seite Australiens zuerst zu besuchen. Von dort wollte ich die Lage näher erkunden, ob es überhaupt Sinn ergab, in den Osten Australiens zu reisen.

Perth liegt, so wie die meisten Städte Australiens, am Meer. Es hat einen idyllischen Hafen, einen zentralen Stadtkern mit einer Fußgängerzone sowie eine Bus- und U-Bahn-Verbindung. An den Botanischen Garten schließt sich der Kings Park an, eigentlich kein Park, sondern die ursprüngliche Landschaft Australiens. Eukalyptusbäume und die verschiedensten Arten von Akazien wechseln sich mit den unterschiedlichsten Gräsern und dem Spinifex, einer Art Savannengras, ab. Dort konnte man stundenlang spazieren gehen, ohne auch nur einer Menschenseele zu begegnen. Allerdings war ich doch recht verwundert, denn nicht einmal Vögel oder anderes Getier entdeckte ich. Nicht dass ich auf Spinnen oder Schlangen treffen wollte, aber ich hatte die leise Hoffnung gehabt, einem Känguru oder einem Koala zu begegnen. Diese Tiere sah ich allerdings nur im örtlichen Zoo.

Keine 200 Meter von meinem Zuhause entfernt stand eine schöne anglikanische Kirche, St. Albans. Ein Schild vor dem Gebäude lud Gläubige für Sonntag zum Gottesdienst ein. Ich dachte mir, das wäre eine gute Gelegenheit, einmal wieder einer christlichen Messe beizuwohnen, und ging gleich am ersten Sonntag dorthin. Die Gemeindemitglieder trugen kleine Namensschildchen und begrüßten mich sehr herzlich. Eine Frau meines Alters erklärte mir den Ablauf und lud mich im Anschluss des Gottesdienstes zu Kaffee und Kuchen ein, der im Pfarrsaal daneben gereicht wurde. Während der Messe selbst verstand ich nicht allzu viel, aber es wurde viel gesungen und die Kinder wurden auch miteinbezogen. Es war nicht viel anders wie bei unseren Gottesdiensten daheim. Und ich hatte Gelegenheit, mich bei unserem Schöpfer zu bedanken, dass er mich bis dahin immer wohl geleitet hatte.

Während dem Kaffee und den vielen leckeren Kuchen, den die Kirchenmitglieder selbst mitgebracht hatten, gesellten sich einige der Besucher zu mir, fragten nach meiner Nationalität und meinen Beweggründen, nach Perth zu kommen. Der Pfarrer und seine Frau (es war eine evangelische Kirche) luden mich schließlich noch zum Barbecue zu sich nach Hause ein. Es wäre üblich, dass man sich sonntags dort träfe und noch Zeit miteinander verbrachte. Dies alles geschah mit so einer Selbstverständlichkeit und Herzlichkeit, dass ich nicht Nein sagen wollte. Nicht eine Sekunde hatte ich das Gefühl, eine Außenstehende zu sein, ich gehörte zu ihrer großen Familie. In diesen vergnüglichen Stunden bei Speis und Trank lernte ich einen Großteil meiner Nachbarschaft kennen und war dankbar für ihre Gastfreundschaft.

Am nächsten Tag begann mein erster Tag in der Sprachschule von Perth. Ich hatte mich dort angemeldet, um meine Englischkenntnisse gezielt zu verbessern. Und da es in Perth nicht so viele Sehenswürdigkeiten gab, meldete ich mich für eine Woche Vollzeitschule an.

Der Großteil der Schüler waren junge Leute, die sich entschlossen hatten, mindestens ein halbes Jahr hier zu leben und zu lernen. Wir Neulinge wurden erst mal in die Schulgepflogenheiten eingeführt, danach stellte sich jeder kurz vor und zu guter Letzt durften wir einen kleinen Test schreiben, damit wir leistungsgerecht in Klassen aufgeteilt werden konnten.

Am nächsten Tag bekam ich an der Rezeption mein Klassenzimmer zugeteilt (Intermediate) und los ging's. Was soll ich sagen? Meine Mitschüler kamen aus Japan, China, Südamerika und Saudi-Arabien, meine Lehrerin aus Indonesien. Sie alle haben mich sehr liebenswürdig aufgenommen und mir diese Zeit unvergesslich gemacht. In dieser Woche wurden sie mir alle zu Freunden, wir hatten sehr viel Spaß im und am Unterricht und ich war sehr traurig, als die Woche viel zu schnell zu Ende ging und wir Abschied nehmen mussten. So unterschiedlich alle in ihren Nationalitäten waren, alle hatten sie feste Vorstellungen von ihrer Zukunft und von ihren Zielen und ich bin mir sicher, dass sie ihren Weg gehen werden. Ich wünsche jedem von ihnen nur das Beste, denn es zeigte mir doch, dass viele junge Menschen sich Gedanken um die Zukunft machen und dass es dort keinerlei Berührungsängste mit anderen Nationalitäten, Religionen oder Lebenseinstellungen gab. Ich freute mich darüber, sie alle kennengelernt zu haben. Wäre ich länger geblieben, mein Englisch hätte sich schnell verbessert, denn unser ‚teacher' war sehr engagiert und konnte uns viel beibringen.

Australien – Brisbane

Im Nu waren zwei Wochen vorbei und es war Zeit geworden, die Koffer für Brisbane zu packen. Dort hatte ich eine schöne kleine Wohnung mit Blick auf den Hafen gebucht. In Ländern, in denen die Lebenshaltungskosten nicht ganz so preiswert waren, buchte ich immer mit einer Küche und, wenn möglich, mit einer Waschmaschine. Und da es in diesem Land wenig landestypische Spezialitäten gab, brauchte ich auch keine teuren Restaurantbesuche. Ein kleiner Supermarkt und ein Getränkeshop waren gleich um die Ecke. Wein, Bier und Spirituosen wurden hier in getrennten Läden verkauft. Und da ich doch ab und zu abends ein Glas Wein trinken wollte, kam mir das ganz gelegen. Schließlich bieten Australien und auch die Nachbarinsel Neuseeland hervorragende Weine an. Und das mit Recht.

Direkt vor meiner Unterkunft lag eine Bootsanlegestelle und mit dem City Hopper konnte ich kostenfrei verschiedene Plätze ansteuern. Hier gab es kulturelle Treffpunkte, Theater, Opern und Musicals. Unzählige Parks, manche mit künstlich angelegten Stränden, an denen man schwimmen und die Sonne genießen konnte. Spielplätze für Kinder, Strandabschnitte für Hunde, schnucklige kleine Marktstände, die Traditionelles und Kitschiges anboten, an alles war gedacht und für jeden war etwas dabei. Auch wenn ich im Zentrum Brisbanes lebte, hatte ich das Gefühl, dass hier alles ein wenig entspannter und langsamer vor sich ging. Die Fuß- und Fahrradwege waren großzügig ausgebaut, denn an fast jeder Straßenecke konnte man sich ein Fahrrad oder einen Roller ausleihen. Meistens hing auch ein Sturzhelm dabei. Gezahlt wurde mit Kreditkarte. Ich wusste, dass dieses System in vielen Ländern nicht funktionierte, allerdings hier wurde es gut genutzt und die Räder sahen alle sehr intakt aus. Einige Male lieh ich mir eines aus, doch die meiste Zeit war ich zu Fuß unterwegs. Oft ohne ein bestimmtes Ziel und doch kam ich immer an einen interessanten Ort, sei es ein Museum, ein Park oder ein Pub.

Einmal wurde eine Sonderausstellung über einheimische Spinnen angeboten. Die ideale Gelegenheit, an meiner Spinnenphobie zu arbeiten. „Stelle dich der Gefahr", dachte ich mir und kaufte mir eine Eintrittskarte. Die Kartenverkäuferin gab mir die Information, falls es für mich zu gruselig werden würde, dürfte ich die Ausstellung verlassen und würde dann auch mein Geld zurückbekommen. Ich war nach dieser Auskunft allerdings nicht beruhigter, zeigte mir diese Option doch, dass ich kein Einzelfall war, und anscheinend hatte schon manch einer fluchtartig die Ausstellung verlassen. Aber Kneifen kam nicht infrage.

Es kostete mich dann doch einige Überwindung, durch den Eingang zu gehen, denn eine überdimensional große Spinne (aus Plastik) in einem Spinnennetz hing über der Tür und lud die Besucher ein. Na bravo!

Ich versuchte, das Ganze aus der Perspektive eines Kindes zu sehen, zumal die meisten dieser gruseligen Tiere hinter Glas waren und die gesamte Ausstellung sehr kinderfreundlich gestaltet war. So gab es Vergrößerungsgläser, mit denen man die Härchen und die Augen der Spinnen näher betrachten konnte. Bei Ballspielen konnte man mit Greifarmen Bälle fangen. Diese Greifwerkzeuge waren den Spinnengreifarmen nachgebaut. Etliche Terrarien enthielten lebendige Tierchen, Informationen über ihre Behausung und ihre Lebensgewohnheiten. Nun erfuhr ich auch, dass es unterschiedliche Charaktere wie Wühler, Jäger und Weber gab. Und dass ich enormes Glück hatte, noch keine dieser Bestien in freier Wildbahn angetroffen zu haben. Denn die Gegend hier um Brisbane war ein Eldorado für Spinnen. Nicht nur mengenmäßig, sondern auch in der Vielfalt. Das absolute Highlight allerdings war eine junge Frau, die für die Besucher einen Vortrag hielt. Die Kinder saßen in den vordersten Reihen und konnten sich gar nicht sattsehen an all den Krabbeltieren, die sie vor sich in kleinen Terrarien aufgebaut hatte. Als sie jedoch ein besonders ekliges Exemplar aus einem Glas holte und es ständig an ihren Armen rauf- und runterkrabbeln ließ, musste ich mich doch hinsetzen, denn mir war einfach nur schlecht. „Durchhalten, Marianne, durchhalten! Irgendwann lässt das Panikgefühl nach!", dachte ich nur. Schließlich hatte ich schon eine Therapie hinter mir und wusste, dass diese Phobie durch Desensibilisierung verbessert werden konnte.

Nach zwei Stunden verließ ich die Ausstellung und hatte mehr Angst als zuvor, denn jetzt hatte ich noch die Bestätigung, dass es auch in der Stadt keine Sicherheit vor diesen Ungetümen gab. Selbstversuch fehlgeschlagen.

Das Highlight von Brisbane war jedoch die Story Bridge. Dort buchte ich einen Brückenklettertag im Zwielicht. Mit Overalls bekleidet und Sicherheitsgurten befestigt eroberten wir dieses Stahlgerüst. Wir, das war eine Gruppe von zehn Leuten, begleitet von zwei Führern. Zuerst ging es einige Hundert Treppen entlang, bis wir schließlich über der Fahrbahn waren. Immerhin verläuft die Straße dort vierspurig und hat noch zwei separate Fußgängerwege. Von Weitem erinnert diese Brücke ein wenig an die Golden Gate Bridge von San Francisco. Zwischendurch wurden Stopps gemacht und die Gegend rundherum erklärt. Später wechselten die Stufen von steil und schmal zu flach und lang gezogen, was den Aufstieg um einiges erleichterte. Und so ging es weiter, bis wir am obersten Punkt angelangten. Die ganz Wagemutigen konnten auf einer kleinen Rampe balancieren oder sich über das Geländer hinauslehnen. Natürlich doppelt und dreifach abgesichert. Bestimmt hätte ich es auch mal probiert, doch war mir dieses kurze Vergnügen zu teuer. Denn das kostete extra. Nichtsdestotrotz kam ich voll auf meine Kosten. Denn als langsam die Sonne hinter den Häusern verschwand, gingen entlang der Stahlseile der Brücke pinke und lila Lichter an und tauchten alles in ein mystisches Licht. Die Stadt mit ihren Hochhäusern und verschiedenen Monumenten funkelte und blinkte, dazu blies einem der warme Spätsommerwind ins Gesicht ... und dann stehst du da oben und hast das Gefühl, als könntest du fliegen ... so erhaben und leicht fühlte ich mich. Keine Sorgen, kein Gedanke an die Zukunft, nur das Hier und Jetzt. Ein Traum!

Australien – Sydney

Am nächsten Tag packte ich meine Koffer, denn nun ging es weiter zum letzten Aufenthalt des Landes: Sydney. Darauf freute ich mich besonders, denn in wenigen Tagen sollte ich dort meine Nichte mit ihrem Freund treffen. Wie gewöhnlich erkundete ich erst mal die nähere Umgebung, studierte den Busplan und da ich recht früh am Tag angekommen war, fuhr ich erst mal zum Fährhafen.

Kaum ausgestiegen bot sich mir schon die perfekte Aussicht auf sämtliche Wahrzeichen dieser Stadt. Die Harbour Bridge spannte sich majestätisch über einen Luxusdampfer von gigantischem Ausmaß, der dort am Hafen anlegte. Als ich näher an das Kai trat, erkannte ich auf der anderen Seite das legendäre Opera House. So oft hatte ich es auf Bildern gesehen, aber wie es so vor mir lag, noch beschienen vom Abendlicht mit seinen schneeweißen Kuppeln, die an Haifischzähne erinnerten, das hatte schon etwas Magisches an sich. „Nutze den Tag", dachte ich mir und buchte ein Ticket für die Fähre, damit ich dieses Symbol von Sydney auch aus der Nähe betrachten konnte. Schließlich war ich nur für fünf Tage hier und wollte jede Minute aktiv verbringen. Wer konnte schon sagen, was es noch Aufregendes in dieser Stadt gab.

Da hatte ich die Rechnung nicht mit meiner Schusseligkeit gemacht. Anstatt zum Opernhaus fuhren wir daran vorbei, immer weiter, bis ich die Haltestelle von Manly Beach ausmachte.

Egal, in dieser Gegend schienen sich hauptsächlich junge Leute zu amüsieren und picknickten auf dem Grünstreifen vor dem kleinen Sandstrand, der sich gleich neben dem Hafen befand. Ich ließ mich einfach mit den ganzen Leuten mittreiben, die dort ausstiegen und alle gezielt in eine bestimmte Richtung gingen.

Auf diese Weise hatte ich bis jetzt immer Erfolg bei meinen Besichtigungstouren gehabt. Und so war es auch diesmal. Zuerst ging es durch eine schöne Fußgängerzone, bewachsen mit Palmen und pink blühenden Hibiskussträuchern. Bis zum anderen Ende waren es nur wenige Gehminuten und da sah ich ihn schon … einen kilometerlangen weißen Sandstrand, gesäumt mit einer Reihe Eukalyptusbäume und Palmen. Aber das Spektakuläre daran waren gefühlt Hunderte von Surfern, die sich im Meer tummelten und versuchten, auf der perfekten Welle zu reiten. Die Sonne stand schon recht tief und tauchte die ganze Szenerie in ein warmes goldenes Licht. Fast alle waren sie mit Neopren-Einteilern bekleidet und glitten fast schwerelos über die Wellen hinweg. Anscheinend wirklich noch eine Männerdomäne, denn Frauen, eigentlich noch junge Mädchen, waren nur sehr vereinzelt auszumachen. Die Sportler, allesamt durchtrainiert und definiert, genossen sichtlich das vorwiegend weibliche Publikum, das sich an der Strandpromenade versammelt hatte und die Szenerie beobachtete.

„Warum auch nicht?", dachte ich mir, schließlich ist dieses Wellenreiten kein Kinderspiel und erfordert gute Kondition, Gleichgewichtssinn und Mut. Dafür darf man sich schon ein wenig bewundern lassen. Ich tat es ja auch.

Währenddessen kreischte über mir eine Schar bunter Rosellasittiche in den Bäumen und zankten, dass es eine wahre Wonne war. Schwarmweise sammelten sie sich in den Wipfeln der Eukalyptusbäume, nur um gesammelt wieder ihre Runden zu drehen und mir das Herz höherschlagen zu lassen.

Ich liebe diese bunten Vögel in der Luft, diese unbegrenzte Lebensfreude, die sie ausstrahlen. Bei uns findet man sie meistens vereinzelt in kleine Käfige gesperrt, zum Verkauf angeboten, wie sie deprimiert und apathisch ihr Dasein fristen. Artgerechte Haltung wäre bei uns in Deutschland allerdings unmöglich, wenn man sah, wie aufgedreht und übermütig diese kleinen Zwitscherer von Baum zu Baum segelten.

Nach einer Weile hatte ich mich genug an wohlgeformten Männerkörpern und lustigen kleinen Vögeln ergötzt, langsam musste ich den Rückweg antreten, wenn ich die letzte Fähre noch erreichen wollte. Vom Schiff aus konnte ich dann doch noch das wunderschöne Opernhaus bewundern, wie es in bunten Farben erstrahlte und uns den Heimweg leuchtete. Ein beeindruckender erster Tag!

In den letzten Tagen und Wochen mehrten sich immer mehr die Hiobsbotschaften aus der ganzen Welt über das Corona-Virus. Dachte ich im Januar, als ich die Reise nach China absagte, noch, dass es sich vielleicht nur um eine der üblichen Panikmeldungen der Medien handle, die in den letzten Jahren schon so oft überzogene Meldungen verbreitet hatten, musste ich mir doch langsam eingestehen, dass dieses Virus besorgniserregende Ausmaße annahm. Immer mehr Länder versagten einem die Einreise, es wurden Quarantänemaßnahmen ergriffen oder die Fluggesellschaften flogen nicht mehr in diese Gebiete. Doch immer noch glaubte ich, auf der sicheren Seite der Erdkugel zu sein. Als aber von meinen Kindern immer mehr beunruhigende Neuigkeiten eintrafen, musste ich mich ernsthaft damit auseinandersetzen. Ehrlich gesagt wollte ich es auch nicht wahrhaben. Viel zu lange hatte ich diese Reise geplant, hatte mich drauf gefreut, den Machu Picchu zu besteigen (eine Leistung für mich, die fast nie auf einen Berg geht). Wollte in Hawaii den Hula erlernen und dort natürlich auch meine Ukulele-Kenntnisse vertiefen, mich in Peru für einen Salsa-Kurs anmelden und in Amerika mit dem Auto von der Westküste nach Florida fahren. Vielleicht noch ein paar Tage mit dem Schiff die Karibik erforschen. Ach ja, meine Freundin Anita und ihren Ex-mann Günter in Kanada besuchen … so viele Träume, so viele Vorfreuden … Das konnte und wollte ich nicht abblasen. Nicht wegen dieses blöden Virus, das uns allen nur Verdruss und Einengung brachte!

„Ich werde so lange weiterreisen, bis alle Grenzen gesperrt sind und ich nicht mehr weiterkomme!" Ja, das war mein festes Ziel. Was sollte ich denn daheim? Die Ansteckungsgefahr in Australien oder Neuseeland war um ein Vielfaches geringer als daheim im eigenen Land. Und so schob ich diese Angelegenheit immer vor mir her.

Als meine Nichte mit ihrem Freund eintraf, war die Freude natürlich riesengroß. Meine süße kleine Maus. Sie ist so ein taffes und liebenswertes Geschöpf, ich freute mich, dass sie mit ihrem Freund so eine herzliche und innige Freundschaft hatte. Seit fast zwei Jahren erkundeten sie mit ihrem Campingbus ganz Australien und ließen es sich nicht nehmen, mich in Sydney zu besuchen.

Wir verbrachten zwei wunderbar entspannte Tage in Sydney und dem umliegenden Nationalpark und ich war erstaunt, wie interessiert und naturerfahren die beiden waren. Dadurch erlebte ich eine ganz andere Seite dieser Stadt und auch meiner Nichte. Ich musste zugeben, ja, ich bin ein Stadtmensch. Mich begeisterten einzigartige Bauwerke, riesige, opulente Gebäude, außergewöhnliche Museen, eventuell noch schön angelegte Parks. Aber so allein in die Wildnis (oder wie man Australien sagt, ins Outback) hatte es mich nie so recht gezogen. Es kann natürlich sein, dass die Angst, auf eine Vogelspinne zu treffen, diese Idee schon im Keim erstickte, bevor sie überhaupt geboren wurde. Nun hatten wir bei unserem Tagesausflug in der Wildnis das Glück, oder besser gesagt, die Erfahrung gemacht, auf einige größere Exemplare zu treffen. Keine Vogelspinnen, sondern Tierchen mit einem Körper von der Größe eines Hühnereis mit langen dünnen Beinchen, die emsig ihre gigantischen Netze bauten. Seltsamerweise blieb bei mir dieses Ekelgefühl aus. Lag es daran, dass diese Viecher sich in ihrem natürlichen Umfeld aufhielten und nicht in meinem Schlafzimmer? Oder daran, und das wäre das Näherliegende, dass wir auf

Spinnennetze achteten und wir die Spinne überraschten und nicht umgekehrt. Zudem war auch genügend Abstand da, sodass ich jederzeit davonlaufen konnte. Ich nahm mir fest vor, in Zukunft mehr das Land und nicht nur die Leute kennenlernen zu wollen. Denn Australien hatte mir in jeder Hinsicht mehr zu bieten gehabt, als ich ursprünglich angenommen hatte.

Nachdem die Beiden abgereist waren, galt es schon wieder, die Koffer für das nächste Land zu packen – Neuseeland.

Eine Aborigines-Statue in Perth begrüßt die Bewohner im Zentrum

Meine Englischklasse in Perth. Verschiedene Nationen und viele Gemeinsamkeiten: Ehrgeiz, Hoffnung auf eine bessere Zukunft und jede Menge Lebensfreude!

Aborigines im Herzen von Sydney

Auf der Story-Bridge in Brisbane ist die Aussicht gigantisch

Neuseeland – Auckland, Teil I

Neuseeland, das Land in dem es drei Arten von Kiwis gibt: den Vogel, die Frucht und den Menschen. Der Vogel: sehr scheu und nur mit Glück zu entdecken. Die Frucht: zu meiner Überraschung wesentlich teurer als bei uns. Der Mensch: freundlich und aufgeschlossen. Das Erste, was mir auffiel, war, dass sich die Landschaft doch ziemlich von der Australiens unterschied.

Australien, das sind üppige Eukalyptusbäume, riesige Blätter, ein Dschungel von Akazien und wilden Gräsern. Das gesamte Land relativ flach, nur in der Nähe der Küsten sah ich Felsformationen, die bis an den Strand reichten. In diese übermächtige grüne Natur wurden Häuser, Dörfer, Städte gebaut. So hatte man den Eindruck, blickte man vom Flieger hinunter auf dieses Land der Aborigines.

Neuseeland dagegen, lang gezogene Hügelketten, in manchen Gegenden allerdings verbranntes Gras (der Sommer war sehr trocken in diesem Jahr), dazwischen niedrige grau-grüne Büsche. In den flacheren Gegenden scharrten sich Tausende von Kühen und Schafen auf grünen Weiden. Hier gab es so viel Land, dass eine Massentierhaltung im Stall blanker Hohn gewesen wäre. Leer stehende Felder wurden bewässert, damit die Tiere ihr Fressgelage ausdehnen konnten, sobald eine Wiese abgegrast war.

Bei einem meiner ersten Spaziergänge in der Natur hatte es oft den Anschein, ich wäre in Irland. Weite, hügelige Grünflächen mit Hunderten grasenden Schafen darauf. „Fast das gleiche Bild wie in einer bekannten irischen Butterwerbung", dachte ich mir. Einige Meter weiter blitzte auf einmal das Meer im Hintergrund hervor, daneben ein pedantisch gepflegter Golfplatz. Ich schwenkte in einen gekennzeichneten Bereich dieser Umgebung, der angab, dass sich dort heimische Tiere, unter anderem auch der scheue Kiwi aufhielten. Am Gatter stand ein Plakat, auf dem darauf hingewiesen wurde, sich die Schuhsohlen abzubürsten. Drei Bürsten lagen daneben sowie eine große Flasche Desinfektionsmittel.

Ich tat wie mir geheißen und trat ein in ein Dickicht von Farnen gigantischen Ausmaßes. Ich konnte locker unter ihren Blättern hindurchgehen, manche erinnerten in ihrer Form an Palmen und viele waren mir unbekannte Bäume und Sträucher. Überall raschelte und zwitscherte und gurrte es, allerdings zu sehen bekam ich nichts. Das schienen wirklich sehr schüchterne Tiere zu sein. Trotz allem genoss ich diese Zeit des Lauschens und Suchens. Nach einer Stunde kam das Gatter für den Ausgang und wieder hieß es, schrubben und sprühen.

Später erfuhr ich, dass Neuseeland sehr besorgt ist um die Erhaltung seiner Natur. Zu viel sei schon, zum Teil durch touristische Gleichgültigkeit, zerstört worden.

Die ersten Tage in Auckland waren geprägt von Wanderungen und viel Ruhe, in meiner unmittelbaren Umgebung gab es viele Golfresorts, nicht meine bevorzugte Sportart, und deshalb war ich doch die meiste Zeit mit mir und meinen Gedanken allein.

Es hat viele Vorteile, allein die Welt zu erobern. Das fängt schon damit an, dass einen keiner kritisiert, wenn man sich mal wieder verlaufen hat. Im Grunde war es mir auch egal, wo ich letztendlich ankam, überall war das Neue und es gab genügend zu entdecken. Ich hatte viele wunderbare Erlebnisse auf meinen ziellosen Spaziergängen. Natürlich gab es auch mal ein Viertel, was langweilig war, schmutzige kleine Gassen, wo nicht mal die Einheimischen freiwillig hingehen würden. So ist es in jedem Land, es gibt aufregende und faszinierende Ecken, genauso wie es Industrieviertel, Elendsviertel, aber auch Treffpunkte für junge Leute, die mich argwöhnisch begutachteten. Da ging ich meistens unauffällig weiter. Wer will schon einen Eindringling dabeihaben, wenn das verbotene Getränk oder die unerlaubte Zigarette weitergereicht wurden?

Wichtig war mir nur, wieder in mein Hotel oder in meine vier Wände zurückzufinden. Die Uhrzeit spielte keine Rolle, es wartete eh keiner auf mich.

Viele beneideten mich darum, vor allem diejenigen, die unglücklich verheiratet waren (oder glaubten, es zu sein). Niemand, der etwas von einem will, für den man kochen muss, dessen Nörgeleien man sich anhören muss oder, noch schlimmer, man wird angeschwiegen – da lagen doch die Vorteile klar auf der Hand. Ich kenne auch solche Zeiten, in denen man sich fragt: „War das jetzt alles? Zu zweit und doch allein?" Wenn jeder Tag wie der andere ist, wenn die Anwesenheit für den anderen zur Selbstverständlichkeit geworden ist, man als Mensch unsichtbar wird, dann ist ein Zusammenleben nie glücklich.

Ich war mir sicher, dass ich mein Leben in einer unglücklichen Partnerschaft nicht wiederhaben wollte. Aber in all den Jahren merkte ich doch, dass dieses Gefühl, wenn ein Mensch auf dich wartet, den es interessiert, was du fühlst und denkst, der deine Pläne, deine Träume mit dir teilt, mit nichts auf der Welt zu ersetzen ist. Es muss nicht unbedingt ein Lebenspartner sein, oft sind die eigenen Kinder, eine gute Freundin oder eine Arbeitskollegin, die ohnehin die meiste Zeit mit dir verbringt, genauso wichtig und wertvoll. Und davon habe ich zum Glück reichlich. Ich kann mit gutem Gewissen behaupten, das Schicksal (oder Gott, ein Schutzengel, das Mysterium) hat es mit mir immer sehr gut gemeint. Meine Kinder sind wunderbare Menschen, die selbständig und selbstbewusst im Leben stehen. Denn das ist es doch, was den Sinn einer Erziehung ausmacht. Einem Kind seine Werte und Überzeugungen vorzuleben und zu sehen, wie es sich das Wichtige und Richtige für sich selbst herauspickt. Auch wenn es heute noch manchmal zwischen uns allen kracht und ich auch nicht immer mit meinen Vorstellungen verstanden werde (oder ich die ihre nicht verstehe), so muss ich doch sagen, sie sind alle zu Persönlichkeiten herangereift, die ihr Leben meistern werden. Auch das wurde mir während unserer Gespräche über die Entfernung klar, nachdem sie alle den ersten Schock des Alleinseins überwunden hatten (vor allem der „Kleine"). Wenn ich wieder zu Hause sein würde, KÖNNTE ich für sie alle da sein, aber ich MÜSSTE es nicht.

Während meiner Abwesenheit hielten meine zwei „Mädels" in meiner Praxis die Stellung. Und ich kann den beiden neidlos zugestehen, sie machten ihre Sache richtig gut. Das ist auch eine Sache während des Reisens – wie viel sorgloser kann man doch durch die Welt marschieren, wenn daheim der berufliche Alltag reibungslos weiterläuft. Es war natürlich eine große Herausforderung. Ich weiß, dass es nicht immer einfach ist, wenn der Patientenstrom immer mehr wird und man nicht weiß, wie man jedem gerecht werden soll. Und nun fiel ich als Ganztagskraft auch noch für ein Jahr weg. Das allein musste schon gemeistert werden. Aber bei all unseren Telefonaten hörte ich, wie sich die beiden als eingeschweißtes Team entpuppten, das sämtliche Unannehmlichkeiten meisterte. Ich war richtig stolz auf die zwei!

Noch bevor ich meine Reise antrat, las ich in unserer Heimatzeitung, dass sich ein Mittenwalder Meisterkoch mit seiner Freundin in Neuseeland niedergelassen hatte und dort unter anderem an Camper vermietete. Ich schrieb mir die Adresse auf und einige Zeit später buchte ich dort auch einen Bus mit Kochgelegenheit für drei Wochen. Das Land auf eigene Faust entdecken, dort zu übernachten, wo es einem gerade lieb ist, und am Morgen in der Wildnis oder vor einem malerischen See zu erwachen, damit hatte ich schon des Öfteren geliebäugelt. Und Neuseeland mit seinen bizarren Hügellandschaften, seinen Schluchten und weiten Stränden war geradezu prädestiniert dafür. Und es war eine ganz andere Form der Fortbewegung, als ich sie bisher auf meiner Reise gehabt hatte.

In den letzten Tagen hatte sich immer mehr abgezeichnet, dass sich das Corona-Virus und seine Auswirkungen auch bis ans andere Ende der Erdkugel ausweiten könnten. In Deutschland, Italien und Spanien war inzwischen auch eine Quarantäne angeordnet worden. Überall, in allen digitalen Medien kamen entweder panikartige Neuigkeiten oder es wurden Witze über gehortetes Klopapier und Nudeln gemacht. Es ließ sich gar nicht einordnen, die einen hielten es für einen Politstreich oder eine schlechte Idee der Pharmaindustrie, die anderen für den Weltuntergang, an dem wir alle zugrunde gehen würden. Direkt merkte ich hier nichts von alledem, allerdings gaben mir die Nachrichten schon zu denken. Doch in meinem Reisefieber, oder vielleicht auch in meiner Naivität, dachte ich noch: „Wenn ich drei Wochen mit dem Camper unterwegs bin und danach wieder in die Zivilisation zurückkehre, hat sich die Lage bestimmt beruhigt." Falsch gedacht!

Neuseeland – Christchurch

Als ich bei meinem Camper-Vermieter Stefan in Christchurch ankam, gab er schon zu bedenken, dass sich die Gesamtsituation noch verschlechtern könnte. Schon etliche Mieter hatten storniert, einerseits aus Angst, später hier festzusitzen, andererseits weil sie schon gar nicht mehr ins Land einreisen durften. Eigentlich widersprach das alles meinem allgemeinen Umfeld. Es waren alle Lokale und Restaurants geöffnet, sämtliche Einkaufszentren und Museen, nichts deutete darauf hin, es könnte sich in kürzester Zeit etwas ändern. Nach einer kurzen Besprechung mit Stefan über die schönste Route packte ich meinen Koffer und den Rucksack in den Bus, kaufte für einige Wochen Proviant ein und los ging die Fahrt.

Hatte ich anfangs noch ein wenig Bammel vor dem Linksverkehr, so legte sich die Nervosität schon nach einigen Stunden. Es ging besser als gedacht. Und so steuerte ich mein erstes Ziel, Akaroa, an. Dies ist eine kleine Halbinsel, in deren Mitte sich das Meer wie ein kleiner See ausbreitet. Um meinen Stellplatz mit Toilettenbenutzung zu erreichen, musste man über Serpentinen eine Bergkette überwinden. Schon die Fahrt dorthin war sehr malerisch, auch war fast kein Auto unterwegs, allerdings sah ich einige Alpakas und Schafe auf der Weide grasen. Am Spätnachmittag kam ich an meinem ersten Ziel an. Drei weitere Camper und zwei Wohnmobile standen dort, einige unbewohnte und abgeschottete Wohnwagen vervollständigten den Platz. Ich parkte direkt an der Bucht, damit ich morgens die schöne Aussicht genießen konnte. Vor mir ein bezaubernder See, der in allen Blau- und Türkistönen leuchtete. Kleine Schaumkrönchen belebten die Seenplatte, da eine leichte Brise ging. Dahinter glänzte eine Reihe Berge, noch von der Sonne beschienen, in zartrosa Tönen. So wunderschön anzusehen, dazu diese Ruhe um mich herum. Was wollte ich mehr?

Zuerst baute ich mir den Tisch und den Campingstuhl draußen auf. Das Wetter war schön, wenn auch nicht besonders warm. Schließlich war in Neuseeland schon der Herbst eingekehrt. Danach bereitete ich mir ein leckeres Steak und einen Salat zu, schenkte mir ein großes Glas Rotwein ein und genoss die untergehende Sonne. Genauso hatte ich mir meinen Campingurlaub vorgestellt. Hier konnte ich es schon einige Wochen aushalten.

Ich finde es eine wunderbare Art des Reisens, wenn Bett und Küche (zur Not war auch ein Klo vorhanden) immer mit dabei sind und man dadurch vollkommen autark bleibt. Nun verstand ich auch meine Nichte, die seit Jahren mit ihrem Freund und dessen Bus durch die Lande zog.

Sogar der Sonnenaufgang, der die gesamte Hügellandschaft in ein strahlendes Licht tauchte, war schöner, als ich es mir vorgestellt hatte. „Alles richtig gemacht!", dachte ich noch. „Dann schauen wir doch mal, welches Ziel ich als Nächstes ansteuern werde."

Oamaru ist ein kleines Städtchen, in dessen Nähe es eine Blue-Pinguin-Kolonie geben sollte. Hier in Neuseeland leben die kleinsten Pinguine der Welt, natürlich wollte ich mir die aus der Nähe ansehen. Der Weg dorthin führte entlang der Ostküste und war mit einem halben Tag Fahrt leicht zu erreichen. Campingplätze gab es auch in der Nähe, also nichts wie hin. Der Weg ist das Ziel, schon die Fahrt mit meinem fahrbaren Untersatz machte mir Spaß. Zwischendurch hielt ich immer mal wieder an, um ein schönes Bild zu schießen, bereitete mir an einem besonders idyllischen Platz einen Kaffee zu und entspannte bei einer fantastischen Aussicht – und begrüßte die vollkommene Freiheit.

Dank einer praktischen App für Campingreisende machte ich einen großen, jedoch günstigen Campingplatz in der Nähe aus, dort konnte man warm duschen und sein Trinkwasser auffüllen. Perfekt!

Abends angekommen wollte ich mich nur schnell an der Rezeption für einen Tag anmelden und dann eine schöne Dusche nehmen. Noch vor der Eingangstür wurde ich von einer freundlichen älteren Frau empfangen. Die erste Frage war, wie lange ich denn schon in Neuseeland weilte. Die zweite, ob ich mich gesund fühlte. Sah ich krank aus? Doch dann klingelte es bei mir. Natürlich, das Virus. Nachdem ich ihr beteuerte, mich blendend zu fühlen, wollte sie noch meinen Reisepass sehen. „Oh, have you only been in the country for nine days?"

Na und? Schließlich bin ich vor dem Einreisestopp im Land gewesen. Aber das war ihr egal. Ich müsste mindestens 14 Tage im Land gewesen sein, damit sie mich aufnehme. Zu groß wäre die Gefahr, andere eventuell anzustecken. Doch in der Nähe wäre ein Stellplatz mit einer öffentlichen Toilette, dort könne ich problemlos parken und übernachten. Es tue ihr sehr leid, aber so seien die Regeln.

Also nichts mit Duschen. „Was soll's, dann stinke ich halt, schließlich bin ich eh allein unterwegs."

Hätte dieser Platz nicht direkt neben der Hauptverkehrsstraße gelegen, hätte ich mich dort ganz wohl gefühlt. Es gab noch zwei überdachte Sitzgelegenheiten mit Tischen, sodass ich mein Equipment nicht extra aufbauen musste. Doch im Laufe des Abends kamen noch mindestens zehn weitere Wohnmobile und Kleinbusse zum Übernachten. Anscheinend ging es ihnen wie mir.

Nach dem Essen noch ein Gläschen Wein und dann wollte ich es mir in meinem Camper-Bett gemütlich machen. Doch mein Blick fiel auf mein Handy und ich bemerkte zu meinem Erstaunen einige neue Mails von meinen Fluggesellschaften.

Alles Stornierungen! Kein Aufenthalt in Hawaii, da meine Fluggesellschaft diese Insel nicht mehr anflog. Und die Ausreise von Südamerika wäre auch zweifelhaft, also kein Lima. Somit konnte ich die Rundreise zum Machu Picchu vergessen. Das konnte und durfte doch nicht wahr sein!

Ich mailte sofort meiner Reisegesellschaft, sie sollten nach Alternativen sehen. Das konnte nicht angehen, dass nach Neuseeland und Fidschi Schluss sein sollte. Doch je länger ich im Internet googelte, umso mehr wurde mir klar, dass das nicht mehr lange gut gehen konnte. „Dann fliege ich halt gleich danach nach Amerika und bleibe dort noch einige Monate." Doch als ich die Kommentare über die USA las, merkte ich, dass diese Option wahrscheinlich nicht die Beste war. Es konnte passieren, dass ich das Land eventuell nicht mehr verlassen dürfte. Und einige Wochen auf einem Flughafen ausharren … Nein, ich bin kein zweiter Tom Hanks. Das wäre die denkbar schlechteste Alternative.

Dieser Abend ging mit einer Flasche Rotwein und sehr vielen Tränen zu Ende.

Es ist nicht einfach, sich von einem Traum zu verabschieden, den man über Jahre geträumt hat. So viel ‚Warum' und ‚Wenn, dann' … Nur dass diese Situation noch nie da war und es keine Vergleichsmöglichkeiten gab. Am nächsten Tag entschloss ich mich schwersten Herzens, nach meiner Rundreise durch Neuseeland noch für zwei Wochen die Fidschi-Inseln zu besuchen und dann zurück nach Hause zu fliegen.

Zwei junge Mädchen aus Bayern, die mit einem alten VW-Bus unterwegs waren und mit mir den Stellplatz geteilt hatten, rieten mir, nicht mehr weiter nach Süden zu fahren, da sie von dort kämen und es dort richtig kalt, stürmisch und ungemütlich würde.

Also wieder eine neue Route planen. Ich entschloss mich, die Seiten zu wechseln und zur Westküste zu fahren. Dort gab es heiße Quellen – wenn ich schon keine Dusche bekam –, den Mt. Cook, die Franz-Josef-Fox-Gletscher und an der Nordspitze den Abel-Nationalpark. Außerdem war dort ganz in der Nähe ein fantastisches Weinanbaugebiet. Dort konnte man Weinproben machen und gleich an Ort und Stelle stehen bleiben und nächtigen. Denn Aufgeben kam nicht infrage, ich würde das Beste aus der jetzigen Situation machen. Zuerst ging es knappe 100 Kilometer vorbei an bizarr anmutenden Bergen und türkisblauen Seen. Zeitweise hatte ich das Gefühl, auf einem anderen Planeten zu sein, so unwirklich war die Landschaft dort. Selten kam mir ein Auto oder ein Wohnmobil entgegen. Die ganze Gegend auf der Fahrt dorthin wirkte wie ausgestorben. Endlich erreichte ich mein Ziel, den Ort Wanaka mit seinem langen Sandstrand. Auch dort wurde ich nicht mehr auf den Campingplatz gelassen. Immer mehr merkte ich, wie sich die Leute veränderten, Abstand hielten, vorsichtig wurden.

Mein Handy piepste, eine SMS von Stefan war eingegangen. „Alle Camper müssen zurück, denn in 48 Stunden wird hier eine vierwöchige Quarantäne verhängt. Also bitte umkehren und spätestens übermorgen da sein." Und zum guten Schluss noch eine Mail meines Reisebüros, dass der Flug nach Fidschi gestrichen worden war. Ich war am Boden zerstört, denn in zwei Tagen hatte sich meine gesamte Reise in nichts aufgelöst. Die Schlinge des Corona-Virus zog sich immer enger zu.

Einen kleinen Spaziergang an diesem herrlichen Strand wollte ich noch unternehmen, um die Hiobsbotschaften zu verdauen und mir Gedanken zu machen, wie es weiterging, bevor ich mir ein Nachtlager suchte.

Trotz Sonne stürmte es erheblich und der Wind pfiff mir um die Ohren. In kürzester Zeit   hatte sich der Himmel verdunkelt und ich trat den Rückweg zu meinem Gefährt an. Kaum zurück konnte ich mich gerade noch ins Innere retten, als schon die ersten kleineren Äste angeflogen kamen. Am Strand wollte ich nicht bleiben. „Am Schluss weht es mich noch ins Meer," war mein flüchtiger Gedanke. Dann doch lieber einen anderen Platz suchen. Der Sturm kam mittlerweile orkanartig daher, Pinienzapfen und größere Äste

kamen mir entgegengeflogen. Sie krachten auf meine Windschutzscheibe ... Nichts wie weg von hier! Ich fuhr langsam den gleichen
Weg zurück, den ich gekommen war. Denn dort waren keine
Bäume, sondern an beiden Seiten Hügel und Berge, die den Sturm
ein wenig abhalten würden. Nach einer knappen Stunde hatte ich
einen ruhigen Parkplatz gefunden, der Sturm hatte nachgelassen.
Ich machte mir eine Kleinigkeit zu essen und hatte die Entschei-
dung getroffen, mich auf dem schnellsten Weg nach Hause zu begeben.

Inzwischen hatte sich auch mein Reisebüro gemeldet und nach
geeigneten Flügen gesucht. Über das Handy hielten wir E-Mail-
Kontakt und bis in die Morgenstunden wurde geplant, gesucht, ab-
gewogen und endlich konnte eine Buchung vorgenommen werden.
Zuerst sollte es über Kanada gehen, doch dazu brauchte ich eine
digitale Einreisegenehmigung. Kaum hatte ich die, war der Flug
schon vergeben. Danach über Amerika und die Niederlanden. O-
der über Honolulu und Norwegen. Es wurde von Stunde zu Stunde
komplizierter, denn immer mehr Länder verweigerten die Einreise
oder Fluggesellschaften flogen nicht mehr. Nach zwei Stunden
Schlaf und bis auf die Knochen durchgefroren machte ich mich auf
den Heimweg. Ein Riss in der Windschutzscheibe war das Ergeb-
nis des Sturms, aber nicht einmal das konnte mich in diesem Moment belasten. Die wunderschöne Landschaft mit den beiden faszinierenden Seen Lake Pukaki und Lake Tekapo nahm ich nur
noch am Rande wahr, viel zu sehr beschäftigten mich die Dinge,
was geplant und umorganisiert werden musste.
Zuerst würde ich wieder zurück auf die Nordinsel von Neuseeland fliegen, denn die internationalen Flüge gingen alle von Auckland aus. Ich buchte den erstbesten, der schon am nächsten Tag
gehen würde. Zum Glück vermittelten mir die Besitzer meines
Wohnmobilverleihs einen Stellplatz auf einem Campingplatz, auf
dem ich duschen konnte. Meine Campingnachbarn waren ein jun-

ges Pärchen aus Deutschland. Beides Polizisten, Marcel und Corinna, zwei sehr liebe Menschen, die mir rieten, mich über die deutsche Botschaft für das Rückholprogramm anzumelden. Das tat ich dann auch, obwohl ich meinen Flug nach Hause schon gebucht hatte. Aber was war momentan noch sicher? Nichts, wie sich bald herausstellte, denn noch am gleichen Tag kam die Absage von meinem Reisebüro. Alle weiteren Flüge von Auckland nach München waren gestrichen worden. Nun blieb wirklich nur die Möglichkeit, über das Rückholprogramm aus diesem Land und nach Hause zu kommen.

Nach nur drei Tagen unterwegs mit dem Camper, immer zwischen Hoffen und Bangen, kam die ernüchternde Nachricht:

Abbruch der Reise, da Beginn einer vierwöchigen Quarantäne in Neuseeland. Nicht mal der gute Pinot Noir konnte mich über meinen Kummer hinwegtrösten.

Neuseeland – Auckland, Teil II

Meine letzten Tage

Mit einem der letzten Flieger vor der 4-wöchig ausgerufenen Quarantäne schaffte ich es von Christchurch nach Auckland. Noch am Flughafen reservierte ich für die nächsten Tage ein Zimmer mit Kochgelegenheit und Flughafentransfer, damit ich jederzeit an Ort und Stelle sein konnte, sollte der Rückführer hier ankommen. Dankbar, eine sehr schöne und auch bezahlbare Bleibe gefunden zu haben, beschäftigte ich mich nur mit den aktuellen Informationen zur Rückreise. Jedes Piepsen des Handys ließ mich aufschrecken. „Jetzt geht's los!" Von wegen. Nur Werbung oder Sensationshascherei auf allen öffentlichen Plattformen, aber keine Zusage für die Rückreise. Es machte mich ganz verrückt.

Als am dritten Tag die Information kam, dass erst mal alle Rückreiseflüge bis Anfang April von der hiesigen Behörde verboten worden seien, war ich zu meiner Überraschung weniger bestürzt (was sollte mich noch schocken?), sondern eher erleichtert. Jetzt wusste ich wenigstens für die nächsten fünf Tage Bescheid, dass ich nicht Tag und Nacht am Smartphone kleben musste. Ich würde Lebensmittel einkaufen, morgens wie gewohnt meinen Sportplan wieder aufnehmen, mich mit meiner Ukulele beschäftigen, schreiben, lesen, meinen Englischkurs wieder aufgreifen und soweit es möglich war, einen normalen Tagesablauf haben. Diese ständige Warterei machte mich ganz nervös, da war es mir lieber, mich auf diese ungewohnte Quarantäne einzustellen. Schließlich machte das inzwischen eh schon die halbe Welt.

So verliefen die Tage, wie wahrscheinlich beim Rest der Welt, in ruhiger Eintönigkeit. Jeden Tag einmal für eine Stunde raus, sei es, um eine Runde im Park zu drehen oder den Essens- und Weinbestand wieder aufzufüllen. Meine täglichen Gedanken kreisten um meine Familie daheim, wie gern wäre ich jetzt bei ihnen, das würde den Hausarrest erträglicher machen. Zudem hätte ich daheim meinen Näharbeiten, dem Klavierspiel, Stricken, Büroarbeiten und anderen nützlichen Tätigkeiten nachgehen können. Auch der telefonische Kontakt mit meinen Freunden wäre um ein Vielfaches leichter, denn hier hatte ich eine 12-stündige Zeitdifferenz. Nicht sehr praktisch, wenn man abends ein bisschen quatschen will und der andere noch mit dem Frühstück beschäftigt ist. Aber was half es?

Erst im Verzicht spürte ich die Wichtigkeit der oftmals banalen Dinge, merkte, dass nichts auf der Welt selbstverständlich war und mit was für einem Reichtum ich in meinem Leben gesegnet war. Ich hoffte, auch anderen Menschen erginge es so, dass sie sich wieder bewusster mit ihrem Leben, ihrer Umwelt und ihrer Gesundheit beschäftigten. Wie schnell konnte alles vorbei sein, ohne dass man selbst einen Einfluss darauf gehabt hätte. Und wie entscheidend es war, in solchen Momenten zusammenzuhalten.

Wie unwichtig ist die Meinung des Einzelnen. Immer wieder las ich in den sozialen Netzwerken: „Lasst euch nicht verrückt machen, alles Show der Politiker, der Pharmaindustrie, der Wissenschaftler ... bla, bla, bla!" Na und? Auch wenn es so wäre. Ignorieren würde nichts besser machen und in dem Falle, dass sie sich doch geirrt hätten, würden einige mehr daran sterben müssen. Aber da gab es noch weitere Kommentare: „Das macht doch nichts, es sind sowieso viel zu viele Menschen auf der Welt. Da es keine Kriege mehr gibt, musste halt ein Virus das ausgleichen." Ich konnte diesen Egoismus und diese Hartherzigkeit nicht mehr hören, denn was wäre, wenn der eigene Partner, das Kind, die Eltern daran sterben müssten? Wären diese Leute dann weiterhin so „praktisch denkend"?

Jedes Menschenleben ist wertvoll. Und für jeden Einzelnen lohnt es sich, zurückzustecken und einen kurzen Zeitraum auf seine Gewohnheiten, auch auf seine Arbeit, zu verzichten. Wäre dem nicht so, dann würde uns das Menschliche verloren gehen und wir würden uns von den Tieren nicht mehr unterscheiden. Und sogar die schützen ihre eigene Rasse.

Natürlich brachten die Nachrichten auch einen Zusammenhang mit dem Vergehen, das wir an der Natur begehen und die nun, in abgewandelter Form, aufbegehrt. Durch Waldrodung, vor allem in Brasilien, wird den Tieren in diesem Dschungel ihr gesamtes Umfeld eingeengt, sie rücken näher an den Menschen heran, wenn sie nicht vorher gleich mit ausgerottet werden. Diese Viren, die anfänglich nur von Tier zu Tier übertragen werden, mutieren und gehen auf den Menschen über. Und wozu? Damit Soja angebaut und edle Gartengarnituren hergestellt werden können. Haben nicht gerade wir in Europa von allem zu viel? Zu viel Überfluss, zu viel Auswahl, zu viele Eingriffe in die Natur und letztendlich zu viele Tote.

Ein Wissenschaftler wurde in den letzten Tagen interviewt. Er sagte, am Ende dieses Jahres wäre Deutschland und somit die Wirtschaft um einiges ärmer und hätte etliche Menschen weniger. Doch die Wirtschaft ließe sich wiederaufbauen, das Menschenleben nicht! Ich hoffe, dass wir aus dieser gemeinsamen Krise alle gestärkt und mit einem tieferen Bewusstsein für das Heute, aber vor allem für das Morgen hervorgehen werden.

So unfreiwillig in Quarantäne zu gehen fühlte sich im Laufe der Tage und Wochen wie ein Gefängnis an. Ich war zwar dankbar für meine Küche und mein geräumiges Zimmer, doch nach etlichen

Tagen des Alleinseins hätte ich doch gern mehr Kontakt mit anderen Leuten gehabt. Denn die Lust, in den eigenen vier Wänden Englisch zu lernen, ließ deutlich nach – wozu auch?

Die Rezeption wurde täglich zwei Stunden besetzt für eventuelle Nachfragen. Das Hotelpersonal legte Handtücher, Toilettenpapier und Duschgel vor der Tür ab und nahm den dort hingestellten Abfall mit. Ansonsten durfte man zum Einkaufen oder zum Spazierengehen raus.

In meiner Nähe war ein sehr schöner Park, der Albert Park, in dem ich ab und zu meine Runden drehte. An einem schönen, sonnigen Nachmittag dachte ich mir, es könnte doch nicht schaden, mit meinem Kindle bewaffnet ein paar Stunden in den Park zu gehen, um zu lesen. Doch knapp zehn Minuten später kamen zwei Polizisten und wiesen mich höflich, aber bestimmt darauf hin, dass ich mir zwar Lebensmittel besorgen dürfte, auch durch den Park gehen oder joggen sei weiterhin erlaubt, mich jedoch allzu lange an einem Platz aufzuhalten sollte ich doch bitte unterlassen. Also wieder nach Hause, denn täglich durch eine Geisterstadt zu flanieren hatte auch nichts Ansprechendes an sich.

Jetzt konnte ich nachempfinden, wie es sich anfühlt, wenn man ins Gefängnis muss. Auch wenn Internet und Fernsehen vorhanden sind, saubere Wäsche und ein gedeckter Tisch, das alles ist notwendig, hat aber nichts mit Freiheit zu tun. Eine Stunde „Ausgang" für die Frischluft und Vitamin-D-Bildung, und das war's schon.

Der Tag hat einfach zu viele Stunden, wenn man nichts unternehmen kann. Und die Lust an allen gewohnten Tätigkeiten wie Sport, Musikmachen, Lernen ließ immer mehr nach. Keinerlei Ansprechpartner zu haben, um sich über den Alltag auszutauschen, zu lachen, auch mal zu lästern, zu diskutieren, all das sind so banale wie lebensbejahende Aktionen, die mir sonst täglich begegneten und jetzt alle wegfielen. Den ganzen Tag kochen, essen und

Wein trinken machte schließlich auch keinen Spaß – und tat der Figur keinen Gefallen.

Wie ging es den älteren Leuten, die verwitwet allein lebten, wohl in so einer Situation? Fiel ihnen das auch so schwer? Vielleicht gingen deshalb die älteren Bürger meistens dann zum Einkaufen, wenn eh schon viel los war. Und redeten so viel, wenn sie jemanden trafen. Wahrscheinlich war ich mit meinen Hausbesuchen zur Fußpflege oft das „Highlight" des Tages. Nicht nur wegen der Behandlung, sondern auch als Gesprächspartner. Mir erging es nun schon selbst genauso. Und bei mir waren es erst zehn Tage. Wahrscheinlich war ich dem indischen Verkäufer an der Supermarktkasse auch nicht ganz geheuer, weil ich ihm dauernd ein Gespräch aufzwingen wollte. Ja, die verbale Not machte mich zu einer mutierenden Quasselstrippe. Ich werde in Zukunft nachsichtiger sein, sollte mir mal wieder jemand „ein Ohr abkauen".

Eines Morgens, ich lag noch im Bett und hörte mir eine Meditationsmusik an, die mir eine Freundin geschickt hatte, ertönte plötzlich ein lauter Warnton. „Nein! Nicht schon wieder ein Erdbeben!", war mein erster Gedanke. Doch dann ging ein grelles Alarmlicht an der Decke an und eine Stimme ertönte, dass man das Gebäude schnellstmöglich verlassen sollte. Ich blickte um mich – nichts wackelte, außerdem ist Neuseeland kein klassisches Erdbebengebiet. Das hörte sich eher nach einer Brandschutzmaßnahme an.

Schnell eine Hose angezogen, Handy und Ausweis eingesteckt und nichts wie raus. Auf dem Flur stürmten schon eine Menge Leute die Feuertreppe hinunter. Ein junges Mädchen, nur mit einem Badehandtuch bekleidet, zwei Jungs in Pyjamahosen, ein älteres Ehepaar, die Frau hatte ich einige Mal im Hotelflur gesehen, immer gestylt und exakt geschminkt. Jetzt ging sie sehr blass und unsicher neben ihrem Mann die Treppen hinunter. Auch alle anderen sahen nur provisorisch angezogen und ungekämmt aus.

Ich war schon fast an der Brandschutztür, als ein junger Kerl ganz schüchtern rief: „Ähm, nur keine Panik, das ist bloß mein Toaster. Der schaltet sich nicht mehr ab." Mit ihm fuhr ich im Aufzug hinunter. „Ist ja kein Problem, wenn's nur der Toaster war," dachte ich mir.

Dieser ohrenbetäubende Lärm der Sirene schrillte bis zur Straße hinunter, einige wenige Leute kamen und schauten neugierig, was in unserem Hotel wohl los war. Nun kamen schon zwei Feuerwehrfahrzeuge angefahren und ich sah dem jungen Mann an, wie er in Gedanken panisch durchrechnete, was da wohl für Kosten auf ihn zukäme. Nach einer guten halben Stunde wurde dann endlich Entwarnung gegeben und wir konnten zurück in unsere Zimmer. Ich fragte ihn noch, woher er denn käme. „From Austria!", antwortete er. Klar, woher auch sonst?

Inzwischen hatten wir Gestrandeten, die wir uns alle bei der deutschen Botschaft angemeldet hatten, den Bescheid bekommen, dass der Rückbringer ab dem nächsten Tag wieder fliegen dürfte. Die neuseeländische Premierministerin hatte zum Glück eingelenkt und die Erleichterung bei allen war natürlich riesig. Die Informationen bekamen wir über Facebook oder Instagram und da blieben die vielen freudigen und dankbaren Kommentare nicht aus. Nun hieße es wieder warten, bis über die persönliche E-Mail-Adresse der Aufruf für den Abflug kam.

Jeden Morgen stand ich auf. „Was mache ich heute? Vielleicht den ganzen Tag alles nur mit der rechten Hand machen (ich bin Linkshänder) oder einen neuen Park besichtigen? Ich werde mir doch das Buch von Helmut Schmid herunterladen …" Ich überlegte, was ich kochen, welche neue Schminktechniken ich ausprobieren sollte. Im Grund hatte ich auf gar nichts Lust, schlug die Zeit bei Facebook, Instagram und Co. tot. Was da alles für ein

Blödsinn drinstand. Allerdings auch einige gute, sogar sehr gute Aussagen und Kommentare.

„Ich trinke keinen Wein mehr, bis ich wieder zu Hause bin!" Am Abend allerdings dann der Gedanke: „Warum sollte ich denn keinen Wein trinken?" Schließlich war ich eh schon genug gestraft mit der Warterei. „Hmm, gilt eigentlich am anderen Ende der Welt die Fastenzeit? Nein! Bestimmt nicht! Wenn ich bis morgen nichts Neues erfahre, kaufe ich mir wieder Wein. Diesen leckeren roten Pinot Noir oder doch den süffigen Weißwein aus der Marlborough-Gegend? Blödsinn, im Grund macht er auch nichts besser. Dann spar ich mir lieber das Geld und die Putzfrau, die die Flaschen immer wegräumt, denkt sich bestimmt auch schon ihren Teil. Sie schaut mich immer so seltsam an. Aber vielleicht liegt das an ihrem Mundschutz: schwarz mit einer Bärchenschnute."

Diese Tage, ständig allein, kein Gespräch, kein Kontakt zu anderen, trieben seltsame Blüten. Ab und zu merkte ich, dass ich Selbstgespräche führte. Es wurde höchste Zeit, nach Hause zu kommen.

Zwei Wochen Quarantäne

Auszug aus meinem Tagebuch

Und wieder beginnt ein neuer Tag. Mein erster Gedanke und mein erster Blick gehen aufs Handy. Auf dem Display stehen gefühlte hundert neue Nachrichten mit nutzlosem Kram. Kätzchen, Bärchen, Mäuschen und andere Viechereien wünschen mir einen guten Tag, einen guten Abend, ein schönes Wochenende, einen schönen Sonntag, ein schönes Leben ... Gott, was soll dieser Blödsinn? Dumme Witze über Corona, Klopapier und Politiker! Wertvoller Speicherplatz gefüllt mit Müll! Ich lösche das meiste ungelesen. Aber keine Nachricht von der Fluggesellschaft. Mit was beschäftigten sich die Leute eigentlich während einer Quarantäne?

Wäre ich daheim in meinen vier Wänden, könnte ich den Frühjahrsputz erledigen, nähen, stricken, kochen, mit den Kindern backen, basteln, musizieren. Mich um den Garten kümmern, den Keller auf Vordermann bringen oder die Garage reinigen. Stattdessen sitze ich hier in einem Hotelzimmer am anderen Ende der Welt und werde von Tag zu Tag deprimierter, da mein Handy mit lauter nutzlosem Kram voll ist, anstatt mit der einzig ersehnten Nachricht: „Sie sind für den Flug Auckland–München eingeteilt am ..."

Langsam habe ich die Nase voll von diesem Zimmer, von dieser Stadt, von diesem Land. Täglich schreiben mich Leute an, ob ich schon daheim bin, und geben mir gute Tipps, wo ich mich noch alles anmelden könnte. Als ob ich das nicht selbst am besten wüsste. Ich komme mir vor wie eine schwangere Frau im neunten

Monat kurz vor der Entbindung. „Nein, es ist noch nicht so weit. Es könnte jeden Tag kommen. Ja, ich habe schon alles gemacht, was gemacht werden konnte. "

Vielleicht bin ich ungerecht, aber auch meine Geduld und mein Nervenkostüm sind nicht unbegrenzt belastbar. Ein Tag zum Heulen!

Oder:

Als ob dieser Abbruch meiner Weltreise nicht schon schlimm genug für mich wäre, aber jetzt noch hier festzusitzen, untätig zu sein, ist das Schlimmste. Natürlich mache ich Heimsport, Yoga, lese, lese, lese. Schaue TV, schaue Serien, lerne Englisch, lerne Ukulele und bringe mein Fachwissen auf den neuesten Stand. Das alles ändert nichts daran, mehr oder weniger eingesperrt zu sein. Einkaufen gehen und eine Stunde Spaziergang an der frischen Luft werden auch jedem Häftling zugestanden. Das allein wär's ja nicht. Aber das Alleinsein, keinen Gesprächspartner zu haben, nicht einmal jemanden zum Streiten. Keinen, bei dem man sich ausheulen kann.
Die Leute auf der Straße machen einen Bogen um mich. Mindestabstand zwei Meter! Und wehe, du trägst keinen Mundschutz! Bestimmt denken sie sich: „Dieses Dilemma haben wir nur dieser Ausländerin zu verdanken!"

Auf einmal kann ich nachempfinden, wie sich ein Ausländer bei uns fühlen mag: aussätzig. Und dabei werden die meist wegen nichts angefeindet. Ist doch klar: Der Fremde hat immer Schuld. Diesmal bin ich dran.

Dann ... endlich eine Nachricht der Lufthansa: „Sie sind auf der Liste für die Rückflüge, allerdings können wir Ihnen nur ein Stand-by-Ticket ausstellen."

Egal, inzwischen bin ich so weit, dass ich sogar am Flughafen schlafen würde, Hauptsache, ich komme aus diesem Zimmer und aus diesem Land. Was soll ich hier noch?

Die Rückholung

Zwei Tage später war es dann so weit. Ich musste mich am Karfreitag morgens um 5 Uhr pünktlich am Flughafen von Auckland einfinden. Der Ablauf, von der Fluggesellschaft und der deutschen Botschaft organisiert, verlief flott und reibungslos. An diesem Tag flogen zwei Flieger der Lufthansa zurück nach Frankfurt. Einer um 9 Uhr, der andere um 15 Uhr. Ich war glücklich, bei der morgendlichen Rückführung dabei zu sein. Mit einem Schlag war die ganze Anspannung der letzten Tage vorbei. Am liebsten hätte ich geheult, als ich mein Ticket in der Hand hielt.

Pünktlich um 9 Uhr ging es dann los. Zuerst elf Stunden bis nach Bangkok, dort wurde gelandet, um den Flieger wieder aufzutanken und Piloten und Bordpersonal zu ersetzen. Danach noch einmal knappe zwölf Stunden bis nach Frankfurt. Mit dem Glück der letzten Wochen hatte ich einen Mittelplatz erwischt, eingekeilt zwischen zwei dicken Männern, die mit ihren Ellenbogen meinen Sitzplatz mit beanspruchten. Das alles war mir so egal, es ging nach Hause, alles andere zählte jetzt nicht. Schließlich konnte man mich in jede Ecke stellen, schlafen ging immer.
Die Fluggesellschaft hatte für uns knapp 500 Menschen ein Lunchpaket zusammengestellt, jeder bekam eine große Flasche Mineralwasser und einen Hinweis, dass der Kapitän mit unserem Flug seine letzte Reise antreten würde, um danach, statt wie ursprünglich im Juli, in Rente zu gehen. Wer wolle, sollte doch ein paar nette Worte über ihn schreiben, damit ihm nach seinem letzten Flug der Abschied nicht gar so schwer fallen würde. Das zu tun fiel mir leicht, ich war dankbar und glücklich, dass er mich sicher

in den heimatlichen Hafen zurückbringen würde. Allerdings war es auch den Stewardessen anzumerken, dass ihre Zukunft noch offen war. Es wurden des Öfteren sehr freundliche, aber auch persönliche Durchsagen gemacht, die uns die Reise dann doch ein wenig kurzweiliger werden ließen.

Letztendlich waren wir alle froh darüber, wie schnell die Lufthansa handelte und uns relativ unbürokratisch und sicher nach Hause brachte.

Auch der Deutschen Botschaft von Neuseeland gilt mein Dank. Und ich weiß, da spreche ich nicht nur für mich allein, denn uns ging es allen gleich. Diese Unsicherheit wurde durch die täglichen Bekanntgaben und Aktualisierungen der Botschaft über das öffentliche Netzwerk, wie Facebook und Instagram, ein wenig erträglicher gemacht. Wir waren immer auf dem Laufenden und wurden durch die vielen einfühlsamen Worte der Landsleutebriefe des Botschafters Stefan Krawielicki und seinem Team beruhigt. Ich weiß nicht, wie das in anderen Ländern gehandhabt wurde, aber was Deutschland in dieser kurzen Zeit mit uns „Gestrandeten" bewerkstelligt hatte, um uns alle wieder relativ schnell und sicher zurückzubringen, war schon sehr bemerkenswert.

Vom Flughafen in Frankfurt ging es noch fünf Stunden mit dem Zug nach München. Dort wurde ich von meiner Tochter und meinem Jüngsten erwartet. Natürlich war die Wiedersehensfreude groß, schließlich hatten wir uns einige Monate nicht mehr gesehen. Ein wenig fremd fühlte ich mich dennoch, aber vielleicht lag es auch an der Zeitdifferenz.

Irgendwie wollte ich nicht so viel von meiner Reise und meinen Erlebnissen erzählen. Ich glaube, so richtig interessiert waren sie eh nicht. Wichtiger war ihnen, dass ich wieder gesund nach Hause gekommen war. Mama hatte ihren Egotrip beendet und basta! Nun konnte das Leben wieder normal weitergehen.

In Deutschland kehrte so langsam der Frühling ein, die Sonne schien, es war trotz der frühen Morgenstunde schon angenehm warm. Häuser, Rechtsverkehr und auch die Vogelstimmen waren mir wieder vertraut. Die Felder beidseitig der Autobahn zeigten ihr erstes Grün und die Bäume erstrahlten mit ihren Knospen. Als ich Neuseeland verließ, kündigten sich dort schon die ersten bunten Herbsttage an und hier begann das Leben von Neuem. Aber das Beste: diese Luft! Nirgends sonst auf der Welt roch es so frisch und wohltuend wie in diesem Augenblick, als ich daheim aus dem Auto stieg.

Mein geliebter Apfelbaum hatte sich mit seinem weißen Blütenkleid geschmückt, die Tulpen zeigten ihre roten Bäckchen und auch meine Goldfische kamen zur Begrüßung an die Oberfläche geschwommen. Was hatte ich doch für ein kleines Paradies! Alles war mir so vertraut und doch war mir schwermütig zumute, denn immer mehr wurde mir klar, dass meine Reise zu Ende war. Noch fühlte ich mich so zwiegespalten. Im Grunde war es mir gerade recht, zwei Wochen in Quarantäne zu gehen, keinen anderen Menschen zu begegnen. „Na, wie war's?" „Was, du bist schon wieder da?" Für diese Fragen war es noch zu früh.

Deutschland – Zwei Wochen später

Das Haus geputzt vom Keller bis zum Speicher, den Garten samt Teich rundum erneuert, das Büro auf Vordermann gebracht, mit den Kolleginnen den Plan für den Arbeitsbeginn organisiert. Alles wieder zur vollsten Zufriedenheit aller geplant. Denn auch meine Praxis musste wegen dem Virus geschlossen bleiben, da ich keine Kassenzulassung hatte. Egal, was nützte es, sich deswegen aufzuregen, die Bürokratie hatte den längeren Arm.

Auch wollte ich nicht mehr Ukulele spielen, meine Englischbücher verschwanden im Regal, stattdessen backte ich Brot und nähte dutzendweise Mundschutze für meine Patienten. Denn das Betreten der Praxis erforderte einen ebensolchen und sollte jemand seinen vergessen haben, hatte er die Möglichkeit, bei mir einen zu erwerben.

Und dann, eines Morgens beim Aufstehen brach es mit voller Wucht über mich herein: „Ich will nicht hier sein! Ich will kein Frühstück für die Kinder machen, das Bad putzen, einkaufen gehen, immer Rücksicht nehmen. Wo sind diese wunderbaren Monate geblieben, die aufregenden Städte, die interessanten Menschen, das neugierige Kennenlernen der unbekannten Länder?" Ich war wieder da, wo ich begonnen hatte. Alles war wie vorher. Und das Schlimmste: Meine Reise, meine Pläne blieben unvollendet. Keine Sonnenuntergänge am Strand von Hawaii, keine Hula-Tänze, kein Erklimmen des Machu Picchu, die Rundreise in den USA mit Auto und Motorrad … alles Schall und Rauch. Eineinhalb Jahre hatte ich mir so viele einzigartige Begebenheiten in Gedanken ausgemalt, hatte immer gedacht, wenn mein Wille stark genug wäre, könnte ich alles schaffen. Wo also sollte es ein Problem geben? Diese Reise um die Welt würde meinen Horizont erweitern und meinen Kindern zeigen, dass sie nicht auf Mutters Rockzipfel angewiesen waren. Nichts hatte sich geändert!

In einigen Wochen war alles wieder wie davor und ich hatte nichts als eine schmerzliche, unvollendete Erinnerung. Ich dachte in diesen Tagen oft, wie ungerecht die Welt doch sein kann, und badete im Selbstmitleid. Aber wem hätte ich mich auch anvertrauen können? Keiner konnte nachvollziehen, wie sehr mein Gefühlsleben durcheinandergeraten war.

Natürlich war es ungerecht, zu jammern, denn wo auf der Welt hätte es mir in dieser Zeit besser gehen können als daheim im eigenen Haus, umgeben von meiner Familie und meinen Freunden? Auf der anderen Seite der Weltkugel saß ich noch vor einem Monat für einige Wochen in einem Hotelzimmer in Quarantäne und wünschte mir nichts sehnlicher, als zu Hause zu sein. Denn dieses Virus beherrschte die ganze Erde und brachte die Menschen auf der gesamten Welt in einen Ausnahmezustand. Da war es doch am sichersten und geborgensten in seiner Heimat. Und doch war ich unglücklich, dass diese einzigartige Reise so abrupt und unbarmherzig zu Ende gegangen war.

Warten auf den letzten Zug, der mich vom Frankfurter Flughafen nach Hause bringt. -Vorfreude sieht anders aus.-

Wieder daheim! Der schönste Ort auf der Welt ist…Heimat! Jedoch die Lust auf neue Länder entdecken und andere Menschen kennenzulernen ist geblieben.

Zwei Monate später

Die Arbeit macht Spaß, ich gönne mir mehr Zeit für mich, mein Zuhause, meine Kinder und für Freunde. Wut und Enttäuschung haben sich gelegt. Der Alltag mit all seinen Höhen und Tiefen hat mich wieder im Griff. Und doch ist nichts mehr so, wie es vorher war. Viele alltägliche Dinge nehme ich mit mehr Dankbarkeit an. Und das sind nicht nur eine saubere Toilette, fließend warmes Wasser und ein voller Kühlschrank. Aber ich denke, die Prioritäten liegen bei jedem woanders. Das muss jeder für sich selbst herausfinden.

Was mir bleibt, sind schöne Erinnerungen an einzigartige Länder, liebenswerte Menschen und gewöhnungsbedürftige Landesbräuche und Rituale. Und da ist noch dieser Wille, die zweite Hälfte meiner Weltreise irgendwann zu Ende zu bringen. Nun weiß ich, dass ich keine Angst vor dem Fremden und Unbekannten haben muss. Im Gegenteil, es lässt mich neugierig und voller Vorfreude in die Zukunft sehen. Ob ich den zweiten Teil meiner Reise wieder allein oder vielleicht mit Begleitung antreten werde, lasse ich mir offen. Es spielt auch keine Rolle, denn ich weiß, dass ich zurechtkommen werde.

Allerdings genieße ich im Moment meine Heimat, wandere am Wochenende durch die Berge und lerne nun meine nächste Umgebung kennen. Über dreißig Jahre lebe ich hier an diesem idyllischen Ort und kenne ihn weniger als die Straßen von Singapur. Es wird Zeit, das zu ändern.

Die Welt ist schön … überall!